曹薰铉、李昌镐精讲围棋系列

精讲围棋定式

目外高目三三定式

曹薰铉围棋研究室 —— 编著

化学工业出版社
·北京·

图书在版编目（CIP）数据

精讲围棋定式. 目外高目三三定式 / 曹薰铉围棋研究室编著. —北京：化学工业出版社，2019.9
ISBN 978-7-122-34761-9

Ⅰ.①精… Ⅱ.①曹… Ⅲ.①定式（围棋）-基本知识 Ⅳ.①G891.3

中国版本图书馆CIP数据核字（2019）第124608号

责任编辑：史 懿　杨松森　　　　　　装帧设计：刘丽华
责任校对：王　静

出版发行：化学工业出版社（北京市东城区青年湖南街13号　邮政编码100011）
印　　装：大厂聚鑫印刷有限责任公司
710mm×1000mm　1/16　印张14　字数216千字　2019年9月北京第1版第1次印刷

购书咨询：010-64518888　　　　　　　售后服务：010-64518899
网　　址：http://www.cip.com.cn
凡购买本书，如有缺损质量问题，本社销售中心负责调换。

定　　价：49.80元　　　　　　　　　　　　　　　版权所有　违者必究

围棋是中国的国粹,它能启发智力,开拓思维,是一项非常有益的修身养性的娱乐活动。成人通过学习围棋,可以培养自己良好的心境和大局观;儿童通过学习围棋,可以培养耐心,提高注意力,锻炼独立思考能力,挖掘思维潜能。学习围棋对课业学习也有十分明显的帮助。

　　那么如何学习围棋?如何学好围棋?什么样的围棋书才能更有针对性地提升棋艺水平?

　　韩国棋手曹薰铉、李昌镐不仅是韩国围棋的代表人物,在国际棋界也有举足轻重的地位。我们经与曹薰铉、李昌镐本人直接接洽,使得本系列书得以顺利出版。

　　本系列书包括定式、布局、棋形、中盘、对局、官子、死活、手筋共8个主题,集曹薰铉、李昌镐成长经验和众多棋手的智慧于一体,使用了韩国职业棋手的大量一手资料,其难度贯穿了围棋入门、提高、实战和入段等各个阶段,内容覆盖了实战围棋各个方面,是非常系统且透彻的围棋自学读物。

　　《精讲围棋定式.目外高目三三定式》详细讲解了目外、高目、三三定式在布局阶段不同棋子配置下的选择与使用,着重培养围棋爱好者的学习兴趣和思维方式,重视大局观的培养,强调实战定式配合。

　　本书由陈启承担资料翻译、整理工作,由石心平、范孙操负责稿件审校,并得到曹薰铉、李昌镐围棋研究室众多成员的大力协助,在此对他们的辛勤劳动表示诚挚的感谢。

　　衷心希望广大围棋爱好者能通过学习本书迅速提高棋力,并由此享受围棋带来的快乐。

编著者
2019年7月

目录

第1章 目外定式

第1型 压低战术 1
第2型 轻快的跳 6
第3型 温和的拆 11
第4型 大幅度拆 16
第5型 一间反夹之一 21
第6型 一间反夹之二 26
第7型 一间反夹之三 31
第8型 一间反夹之四 36
第9型 一间反夹之五 41
第10型 二间反夹 46
第11型 二间高夹 51
第12型 大斜以后 56
第13型 简明的选择 61
第14型 利用弱点 66
第15型 大斜定式 71
第16型 旧定式 76
第17型 大型定式 81
第18型 攻击性封锁 86
第19型 弃子战术 91
第20型 意图的表露 96
第21型 以防守为主的
       单跳 101
第22型 阻止跳出 106
第23型 直指中腹 111
第24型 回避激战 116
第25型 厚实的一手 121
第26型 战斗性倾向 126
第27型 三三位挂 131
第28型 征子关系 136

第2章 高目定式

第1型 高目托退 141
第2型 定式未完而
      脱先 146
第3型 高目脱先定式 151
第4型 高目外靠 156
第5型 外靠以后 161
第6型 高目飞封之一 166
第7型 高目飞封之二 171
第8型 高目飞封之三 176
第9型 高目飞封之四 181
第10型 高目飞封之五 186
第11型 高目飞封之六 191
第12型 高目三三挂 196

第3章 三三定式

第1型 三三肩冲之一 201
第2型 三三肩冲之二 206
第3型 三三肩冲之三 211
第4型 对三三的挂法 216

第1章

目外定式

第1型 压低战术 ▸▸

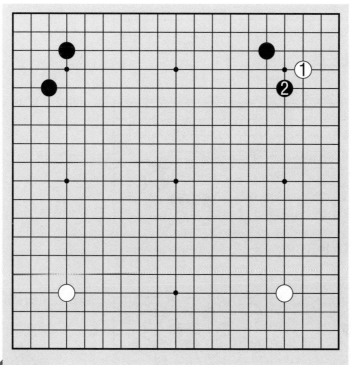

基本图

白1是对黑棋目外的常用挂法，黑2飞压则是重视边和中腹的压低战术。我们现在对黑2飞压以后的变化进行分析。

图1 基本定式

黑△飞压时，白1长是唯一的一手棋，其后黑2长，白3、黑4的进行是基本定式。

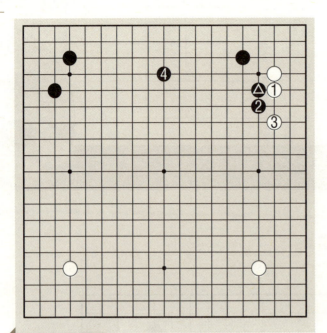

图1 基本定式

图2 后续变化

续图1，其后白棋如有机会，白1长是好棋，黑2扳时，白3也扳是好棋，黑4长，以下至白7，白棋形势好。

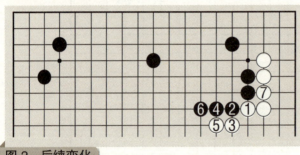

图2 后续变化

图3 白棋满意

续图2，其后黑1拐虽是很厚的下法，但白2跨的下法很严厉，黑3以下至黑13，白棋争得先手后，可以抢先占下边大场，结果白棋满意。

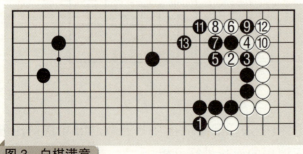

图3 白棋满意

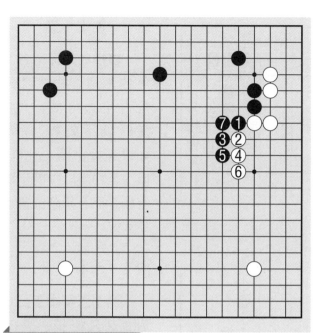

图4 具有气势的进行

图4 具有气势的进行

黑1、白2时，黑棋在气势上可以考虑黑3连扳，其后白4如果退，黑5以下至黑7，经过如此处理，黑棋外势广阔。

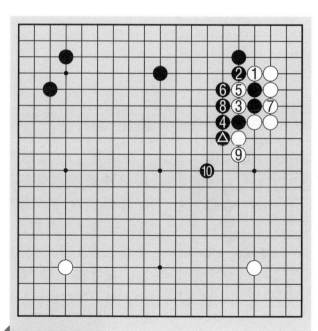

图5 弃子战术

图5 弃子战术

黑▲连扳时，白1冲后，白3打吃，以下至白7，白棋吃住黑棋二子。但黑棋利用弃子，至黑10飞扩张外势，黑棋应无不满。

图 6　黑棋不满

图 6　黑棋不满

白棋如果保留右上角的手段，白 1 脱先抢占左边大场，黑 2 托时机不成熟。白 3 如果连接，黑 4 补棋，以下至白 5，白棋步调流畅，而且黑▲位置也不太好。

图 7　本手

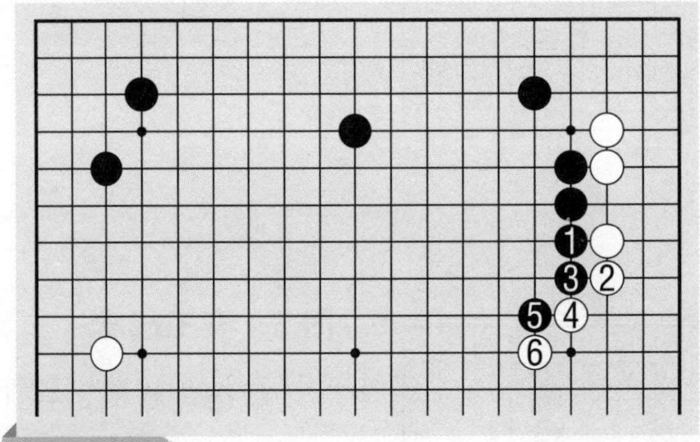

图 7　本手

黑 1 压是本手。其后白 2 只好长，黑 3、5 是行棋的趋势，下至白 6 均是必然的次序。

图 8　均势

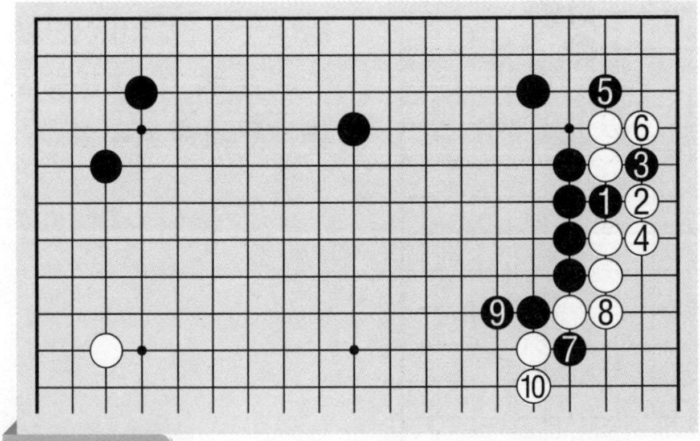

图 8　均势

续图 7，其后黑 1、3 冲断问白棋应手是很好的次序，白棋从棋形考虑，只好白 4 连接，黑 5 先手利用后，黑 7 断以下至白 10，双方下成均势。

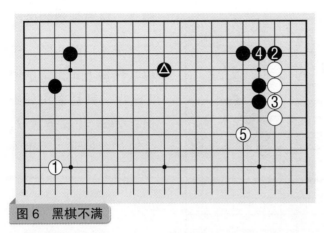

图9 转换

黑棋于本图的1位托时，白2打吃是拒绝图8进行的下法，黑棋在气势上于黑3打吃占取角地，白4提子，黑5分投，双方形成转换，均充分可下。

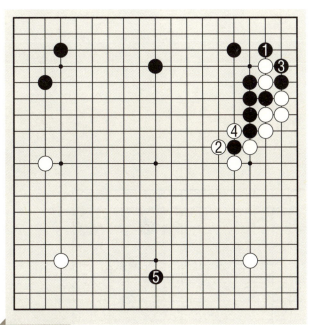

图9 转换

图10 黑棋优势

在定式的进行中，黑⚫长时，白棋若不在A位跳而是于白1长，如非特殊情况大都不好。黑2先手与白3交换之后，黑4展开，与定式相比，黑棋略占优势。

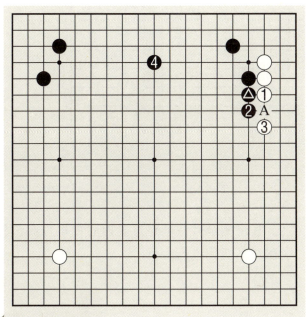

图10 黑棋优势

第 2 型　轻快的跳 ▶▶

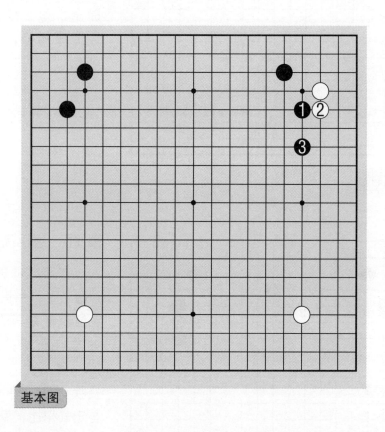

基本图

　　黑1、白2时，黑3单跳，其意图是轻快地整形。以后白棋也应该利用黑棋的弱点来整形。我们现在对其变化进行分析。

图1 黑棋有利

黑⧋时，白1长是拘泥于棋形的俗手，黑2如果连接，白3还须跳出，黑4则展开，结果黑棋略有利。

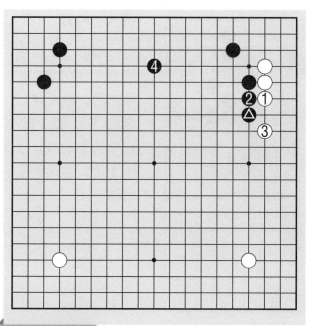

图1 黑棋有利

图2 白棋难受

白1冲，然后白3打吃仍然不好，黑4、6封锁中腹，结果仍是白棋难受。

图3 本手

黑⧋单跳时，白1、3挖接是正确利用黑棋弱点的本手。

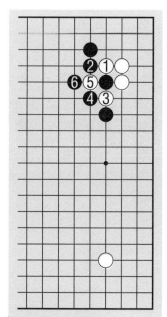

图2 白棋难受

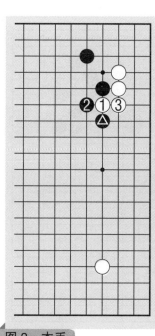

图3 本手

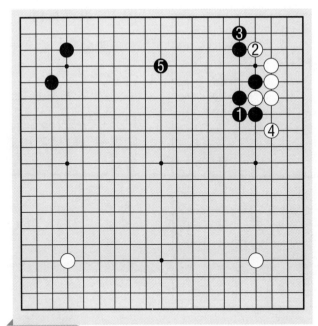

图4 均势

图4 均势

续图3，其后黑1连接，白2与黑3交换之后，白4跳出，白棋应无不满。黑棋则以厚势为背景，于黑5围上边，结果双方下成均势。

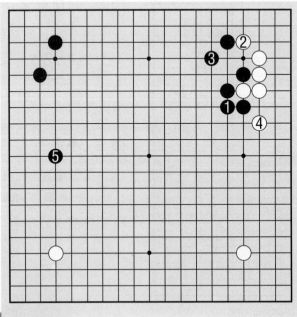

图5 定式

图5 定式

黑1、白2时，黑3尖的意图是一步到位，完成局部整形，其后白4跳出，黑5展开，这一进行也是基本定式。

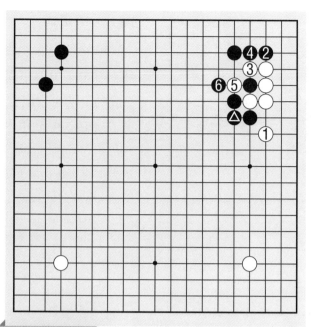

图 6　黑棋满意

黑▲连接时，白 1 立即跳出是次序错误。黑 2 托是追攻白棋失误的好棋，其后白 3 打吃，白 5 提子，黑 6 封住白棋，结果黑棋满意。

图 6　黑棋满意

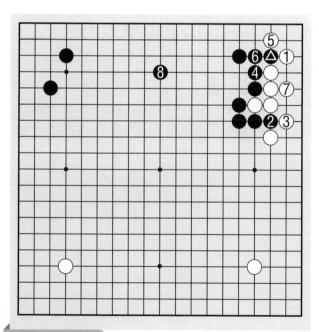

图 7　白棋低位

黑▲托时，白 1 如果扳，黑 2 与白 3 交换之后，黑 4 封住，白 5 则打吃，白 7 补棋，白棋被压在低位，至黑 8 连片，结果黑棋有利。

图 7　白棋低位

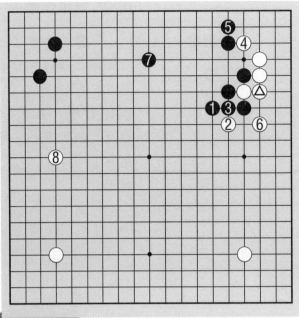

图8 旧定式

白⊙连接时，黑棋如果重视中腹，黑1虎的下法可以成立。其后白2、4先手利用后，白6跳出，黑7展开。这一进行是旧定式之一。白8占左边。

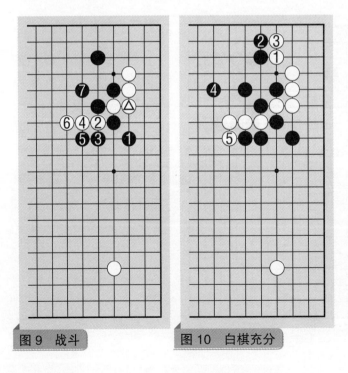

图9 战斗

白⊙连接时，黑1尖，意图是让白棋断，然后进行战斗。以后白棋于白2断，下至黑7均是必然的次序。

图10 白棋充分

续图9，其后白1、3补角，黑4、白5在中腹展开战事，结果白棋充分。

第3型　温和的拆 ▶▶

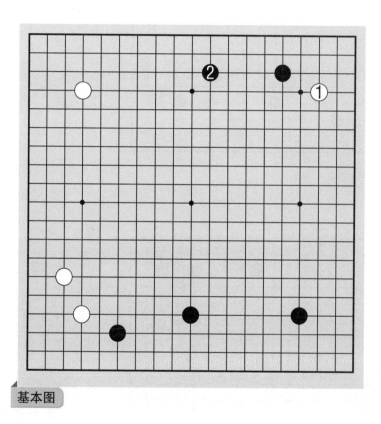

基本图

　　白1挂时，黑2拆是为了避免复杂的变化，是一种温和的下法。以后白棋面临的问题是如何安定自己。我们现在对其变化进行分析。

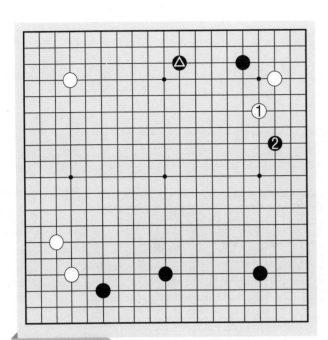

图1　白棋薄弱

图1　白棋薄弱

黑△拆时，白1飞，黑2逼攻是急所，白棋由于棋形薄弱，因而这一变化不好。

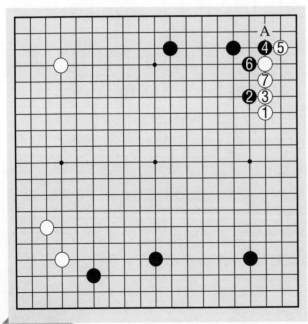

图2　定式

图2　定式

白1拆二是坚厚的安定方法，黑2刺时，白3挡住，此时黑4托是有效的利用方法，以下至白7是基本定式，此后A位是双方的争夺要点。

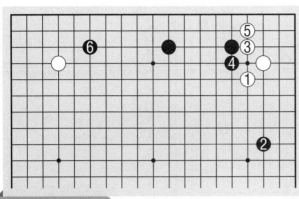

图3 坚实的下法

图3 坚实的下法

白1尖出头是最坚实的下法,黑2抢占右边大场,以下至白5是基本定式。黑6顺势在左上角挂。

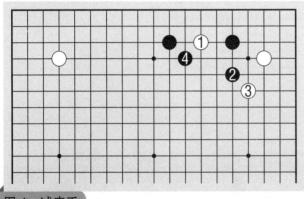

图4 试应手

图4 试应手

白1打入试应手是一种高级下法,白棋的意图是根据黑棋的下法来定形。

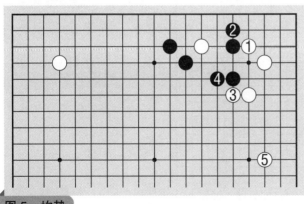

图5 均势

图5 均势

续图4,其后白1、3先手利用后,白5展开,白棋很充分,黑棋下得也很坚实,双方均无不满。

图6 白棋不满

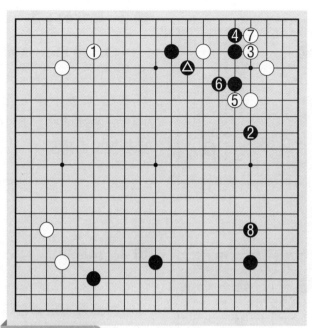

图6 白棋不满

在定式的进行中,黑△尖时,白棋若不在角上行棋,而是白1脱先,结果不好。黑2逼是极其严厉的下法,白3尖顶,以下至白7,黑8抢占要点,白棋不满。

图7 黑棋有利

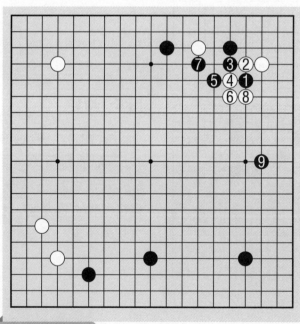

图7 黑棋有利

白棋试应手时,黑1飞压的下法可以成立。白2、4冲断过分,以下至黑7先手整形后,黑9展开,结果黑棋有利。

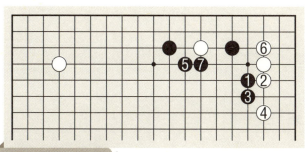

图 8　稳健的下法

黑 1 时，白 2 长是稳健的好棋，以后黑 3 长，白 4 跳出，至黑 7 的处理是常规的进行。

图 8　稳健的下法

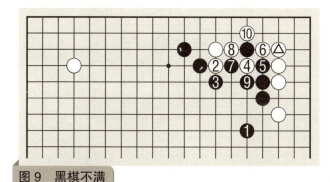

图 9　黑棋不满

白△时，黑 1 飞不好。白 2 冲，黑 3 封时，白 4 跨极其严厉，以下至白 10，黑棋不满。

图 9　黑棋不满

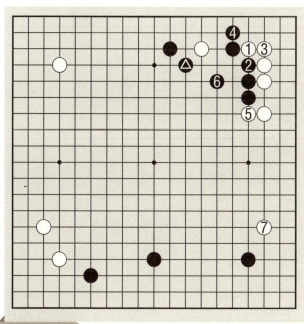

图 10　定式

黑△尖时，白 1 尖顶后白 3 接的下法可以成立，其后至黑 6 是基本定式。白 7 再于下方挂角，双方均可接受。

图 10　定式

第4型　大幅度拆▶▶

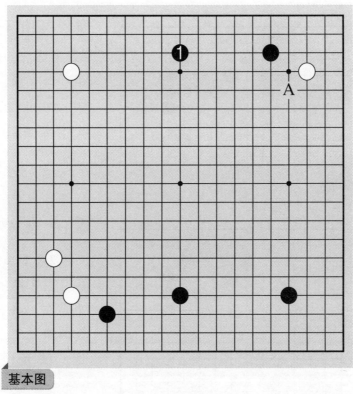

基本图

　　黑1拆在感觉上多少有点拆得过大，但由于黑A是先手，黑棋认为充分可下。那么白棋应如何应对？

图1 普通的下法

白1尖是最普通的下法,以后黑2飞补自己的弱点,局势平稳。

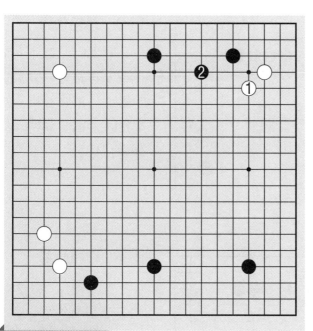

图1 普通的下法

图2 均势

白1时,黑棋脱先于黑2展开的下法可以成立。其后白3飞压,攻击黑棋的薄弱环节,黑4则是很轻快的下法,白5、7冲断,以下至白11,双方均无不满。

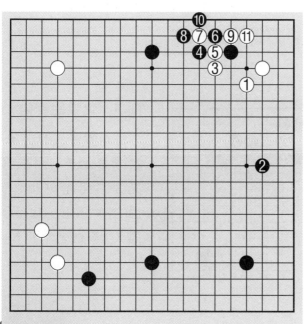

图2 均势

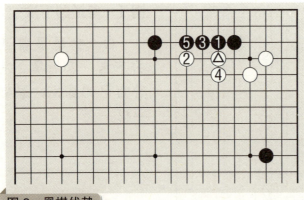

图3 黑棋优势

图3 黑棋优势

白△时,黑1长的下法可以成立。其后白2单跳,黑3补棋,白4并时,黑5联络,结果黑棋优势。

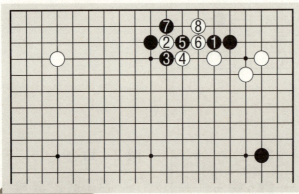

图4 白棋优势

图4 白棋优势

黑1时,白2靠的下法很有意思,黑3时,白4反扳是手筋,黑5打吃,以下至白8,白棋的形势好。

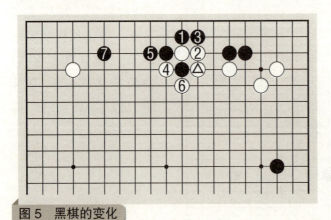

图5 黑棋的变化

图5 黑棋的变化

白△反扳时,黑1打吃是本手。白2时,黑3联络是好棋,其后白4打吃,以下至黑7,黑棋充分可下。

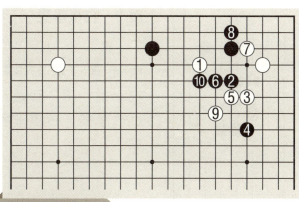

图6 无理的进攻

图6 无理的进攻

白1夹过于明显地进攻黑棋反而不好。黑2跳起，白3时，黑4逼是好棋，白5长，以下至黑10，结果黑棋有利。

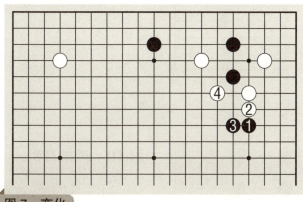

图7 变化

图7 变化

黑1逼时，白2顶后再白4跳封，看似次序很好，其实不然。后续变化见图8。

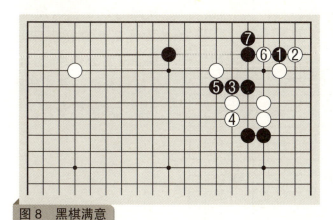

图8 黑棋满意

图8 黑棋满意

续图7，黑1托后再黑3冲的次序很好，其后白4双，以下至黑7，结果黑棋满意。

图9 白棋难受

黑1冲时，白2挡无理。黑3、5打吃之后，黑7跨是严厉的手筋，白棋非常难受。

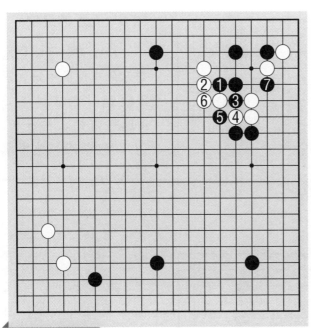

图9 白棋难受

图10 黑棋有利

白1宽一路夹攻仍然不好，黑2尖，既瞄着攻击白棋角地，又可在4位托谋求联络，二者必得其一。白3如果补棋，黑4托渡过，结果黑棋有利。

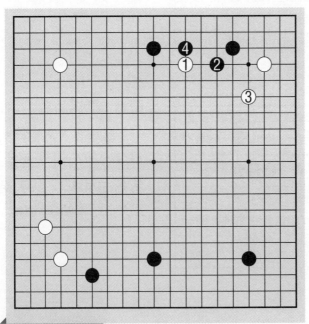

图10 黑棋有利

第 5 型　一间反夹之一 ▶▶

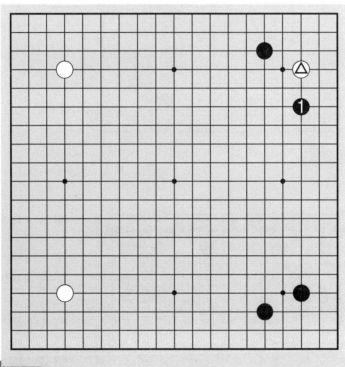

基本图

　　白△挂时,黑 1 一间反夹是黑棋最积极的手法。在右边价值很大时,黑 1 是可以考虑的定式选择。那么黑 1 夹攻以后的变化如何?我们现在对此进行分析。

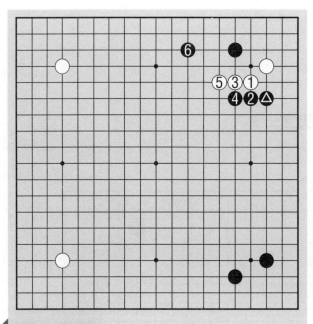

图1 基本定式

图1 基本定式

黑△夹攻时,白1尖向中腹出头是应首先考虑的下法。黑2贴,以下至黑6是基本定式,以后的次序才是关键所在。

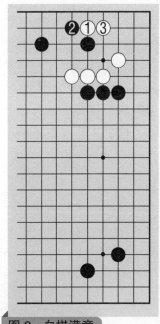

图2 白棋满意

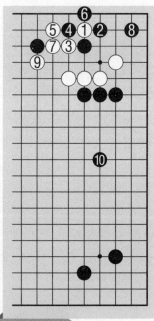

图3 均势

图2 白棋满意

续图1,白1托整形是好棋,黑2如果内扳,白3退后,白棋满意。

图3 均势

白1时,黑2外扳是本手,其后白3扳,黑4打吃,以下至白9均是必然的进行,黑10展开,双方下成均势。

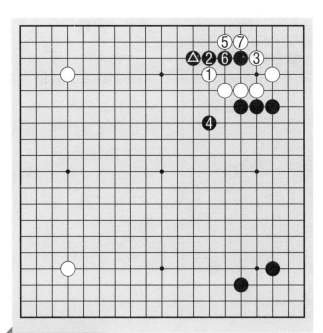

图 4 白棋有利

图 4 白棋有利

黑▲拆二时,白 1 刺问黑棋的应手可以成立。黑 2 补棋、白 3 尖顶均是必然的次序,但黑 4 是失误的下法,白 5 点,然后白 7 连回,结果白棋有利。

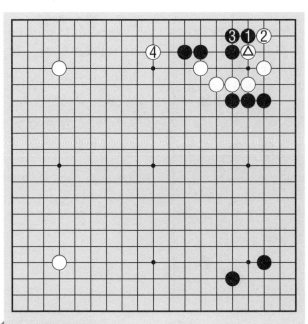

图 5 白棋优势

图 5 白棋优势

白▲时,黑 1 扳仍是疑问手。白 2 挡,黑 3 接,而白 4 是绝好点,黑棋的后续处理会很困难,结果白棋优势。

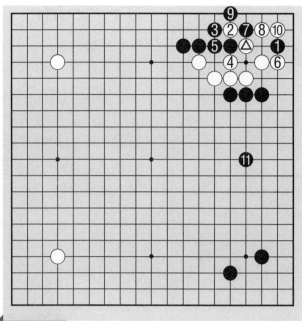

图6 定式

白△时，黑1点问白棋的应手是好棋。白2扳阻止黑棋联络，黑3以下至白10，黑棋先手处理之后，黑11抢占右边大场，结果双方下成均势。这一进行是定式。

图6 定式

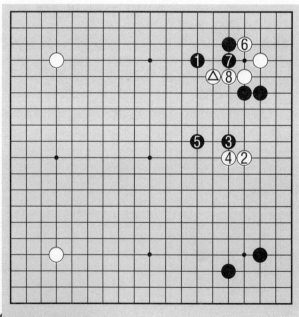

图7 难分难解

白△单跳时，黑1飞的下法可以成立。白2夹攻，黑3肩冲，以下至白8，结果双方下成难分难解的局势。

图7 难分难解

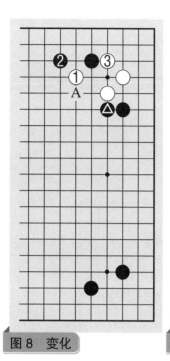

图8 变化

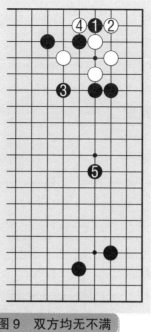

图9 双方均无不满

图8 变化

黑❶时，白棋不在A位跳，而于白1飞压的下法也可成立。其后黑2跳是轻快的手法，白3尖顶，后续变化见图9。

图9 双方均无不满

续图8，其后黑1扳后，黑3跳起是轻快的下法。白4打吃，黑5展开，双方均无不满。

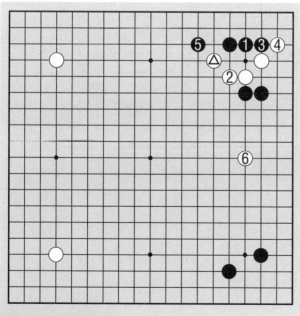

图10 另一种定式

图10 另一种定式

白❶时，黑棋如果对图9的进行不满，本图中黑1并的下法可以成立。其后白2联络，黑3与白4交换之后，黑5跳出，黑棋充分可下。而白棋争得先手后，于白6夹攻，白棋同样充分。这一进行也是定式。

第6型 一间反夹之二

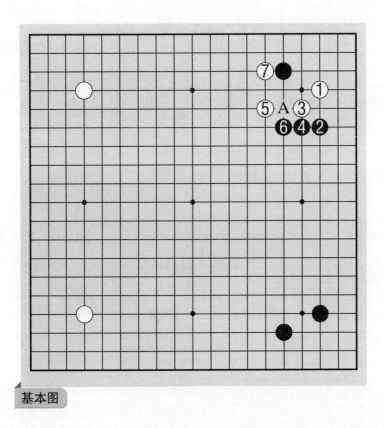

基本图

白1挂时，黑2夹攻，白3、黑4、白5的进行与第5型的次序相同。黑6时，白棋不在A位接，而选择白7靠，是另一种变化。现在我们来分析一下白7靠以后的变化。

图1 黑棋难受

白△时,黑1、3直接冲断操之过急。黑5打吃时,白6长是稳健的好棋,以下至白10,结果黑棋难受。

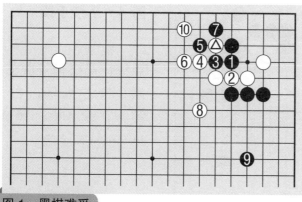

图1 黑棋难受

图2 绝对一手

本图中的黑1扳是绝对的一手,其后白2如果退,黑3先手利用后再黑5爬是正确的次序。

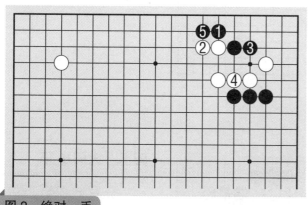

图2 绝对一手

图3 定式

续图2,其后白1单跳,黑2、4挖接,黑6挡,黑先手利用后再黑8展开是好次序,这是一种双方均无不满的定式。

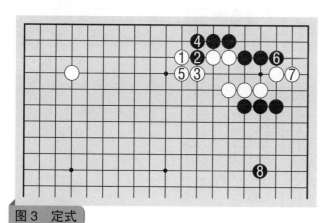

图3 定式

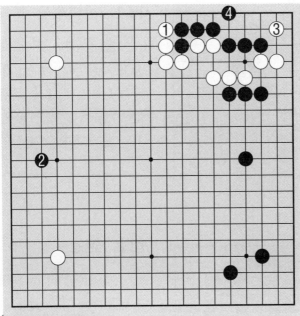

图4 后续手段

续图3，白1即使挡住，黑棋仍可脱先。黑2抢占大场，白3跳入，黑4虎，黑棋仍可做成两个眼。

图4 后续手段

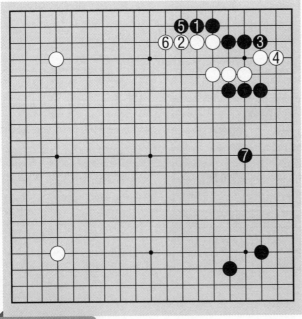

图5 大同小异

在定式的进行中，黑1爬时，白2长可以成立。黑3挡与白4交换之后，黑5爬，白6时，黑7展开，结果与图3的基本定式大同小异。

图5 大同小异

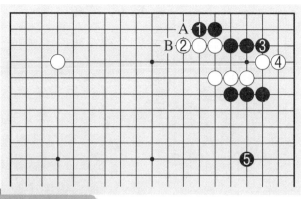

图 6　次序错误

黑 1 至白 4 的进行后，黑 A 不与白 B 交换，而直接黑 5 展开，则次序错误。

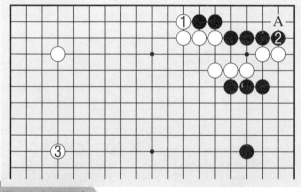

图 7　白棋满意

续图 6，其后白 1 挡是先手，黑 2 绝对需补棋，如果脱先被白 A 跳入后，黑棋将会出大问题。至白 3 时，白棋满意。

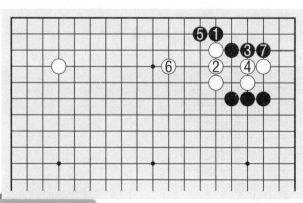

图 8　黑棋满意

黑 1 扳时，白 2 接不好，黑 3 先手长很舒服，白 4 连接，以下至黑 7，结果黑棋有利。

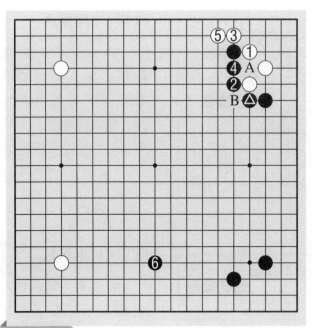

图9 变化

图9 变化

现在我们重新回到基本图。黑❷时,白棋有白1尖顶谋取角上安定的变化。黑2扳,白3以下至白5是预定的下法,之后黑6拆边。但白棋由于有A位的弱点,因而白棋在B位断已不能成立,结果黑棋略厚。

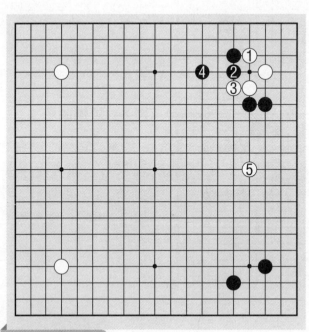

图10 黑棋俗手

图10 黑棋俗手

白1尖顶时,黑2长是受棋形束缚的俗手,白3冲,黑4只有补棋,白5是绝好的夹攻点,黑棋不好。

第 7 型　一间反夹之三 ▶

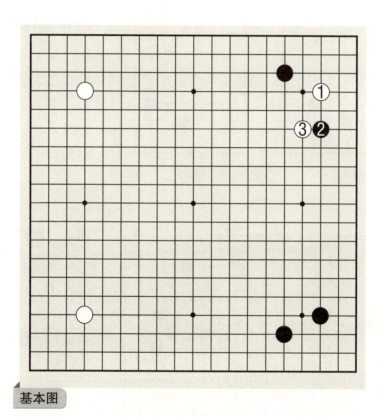

基本图

　　黑 2 时，白 3 飞压，目的是巩固自身并伺机攻击一侧黑棋。那么白 3 后会有什么变化？我们现在对此进行分析。

图1 黑棋俗手

白△压时，黑1顶后黑3冲是典型的俗手，白2正是稳健的好棋，以下至白6，黑棋非常不利。

图2 白棋难受

黑1时，白2立即挡是大恶手，黑3断，白4必然如此，至黑5长，白棋非常难受。

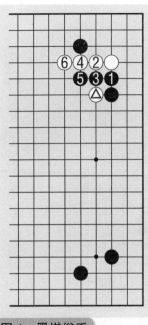

图1 黑棋俗手

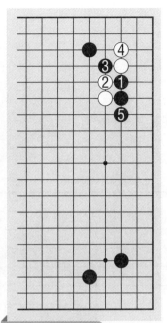

图2 白棋难受

图3 均势

本图中的黑1扳是本手，白2退，黑3以下至白6是平常的进行，结果双方下成均势。

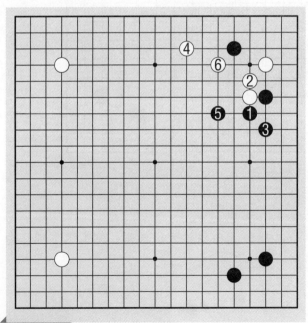

图3 均势

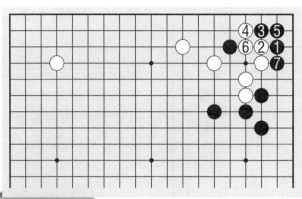

图4 后续手段

图4　后续手段

在图3的进行后，白棋看似实地很大，但黑1点，白棋的收效并不大，白2挡，以下至黑7均是预想的次序。

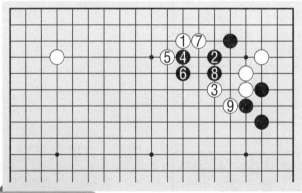

图5 白棋有利

图5　白棋有利

白1夹攻时，黑2出头过于着急。白3单跳，黑4时，白5至白9是攻击的好次序，结果白棋有利。

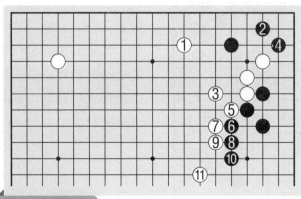

图6 白棋顺畅

图6　白棋顺畅

白1时，黑2飞仍是疑问手。此时白3单跳是好棋，黑4尖时，白5以下至白11，白棋构筑外势，结果白棋顺畅。

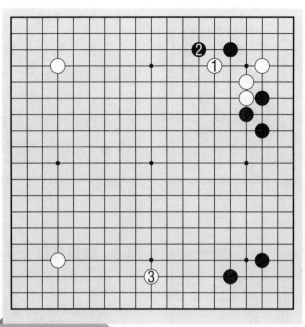

图7 简明的下法

黑棋虎时,白棋如果要下得简明,白1飞压可以成立。黑2单跳时,白3在下边展开,是普通的进行。

图7 简明的下法

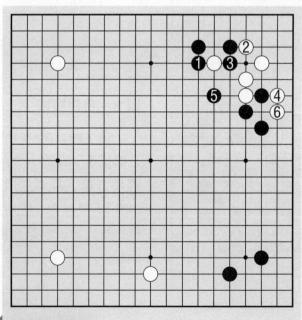

图8 白棋充分

续图7,其后黑1挺头,白2则先手与黑3交换,之后白4托,黑5飞封,白6长,均是双方具有气势的进行。白棋由于可以占据很大的角地,结果白棋充分。

图8 白棋充分

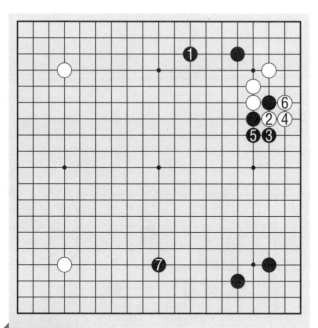

图9 定式

图9 定式

黑棋若不补右边，而是选择黑1在上边拆二可以成立。白2如果断吃黑棋一子，以下至白6定形，黑7脱先，黑棋充分可下。白棋也由于可以就地安定，同样应无不满。

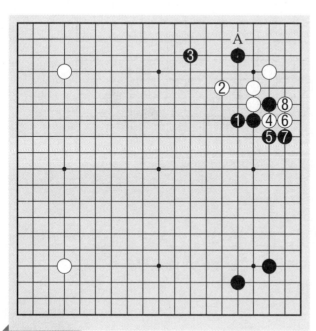

图10 均势

图10 均势

黑1长的下法也可以成立。白2单跳时，黑3拆，白4断，黑5以下至白8，双方均无不满。其后白棋如有机会，可以考虑A位托。

第8型　一间反夹之四

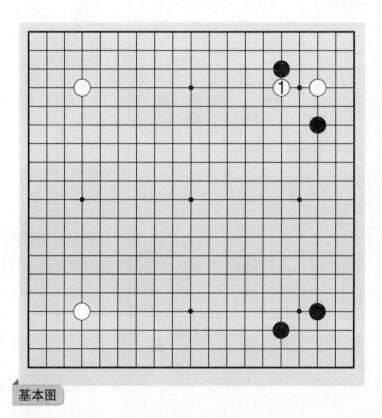

基本图

黑棋夹攻时，白1压出，目的同样是巩固自身并伺机攻击黑棋。此时黑棋如何应对才是最佳的进行？现在我们对此进行分析。

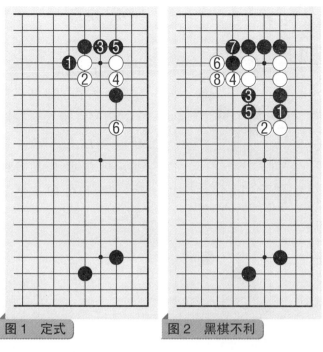

图1 定式 图2 黑棋不利

图1 定式

白棋压时,黑1扳是绝对的一手,其后白2长,黑3以下至白6均是平常的进行,双方均无不满。这一进行是定式。

图2 黑棋不利

续图1,其后黑1顶,企图直接出动操之过急。白2长,黑3必须逃跑,以下至白8,结果黑棋不利。

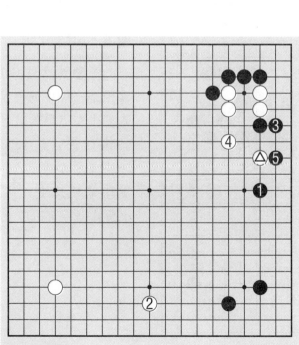

图3 本手

图3 本手

白△夹攻时,黑1逼才是本手。其后白2如抢占下边大场,黑3下立是急所,白4必须补棋,黑5托,黑棋可以轻松渡过。

图4 定式

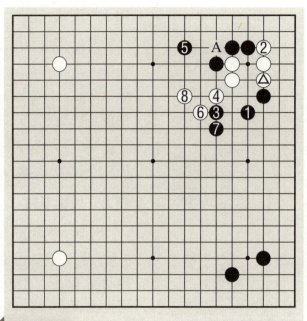

图4 定式

白△顶时，黑1尖的下法可以成立。黑1是重视右边的下法。白2进角时，黑3可以跳起，其后白4靠，窥视A位的断和白6的扳，以下至白8是基本定式。

图5 风险

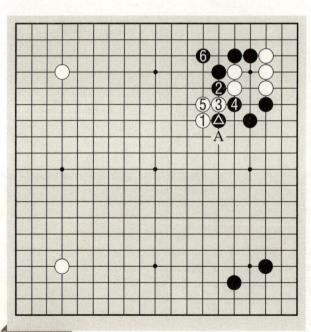

图5 风险

黑△单跳时，白1靠虽是一种手筋，但同时多少有点风险。其后黑棋如在A位长，又还原成图4的定式。但黑棋随机应变，黑2、4断的强手可以成立。

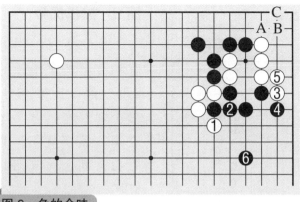

图6 角的余味

图6 角的余味

续图5，白1打吃，然后白3、5扳接，以下至黑6是基本型。但角上仍存在着黑A、白B、黑C造劫的余味。

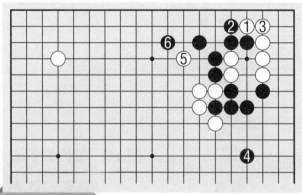

图7 黑棋满意

图7 黑棋满意

白棋如果对图6的进行不满，本图中白1、3扳接的下法也可以考虑。但黑4开拆，白5飞，黑6单跳，结果仍是黑棋满意。

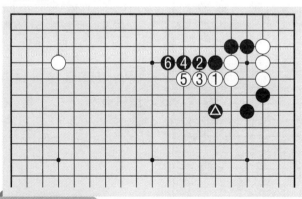

图8 白棋不满

图8 白棋不满

黑△时，白1、3压是大恶手，以下至黑6，黑棋大大巩固，白棋当然不满。

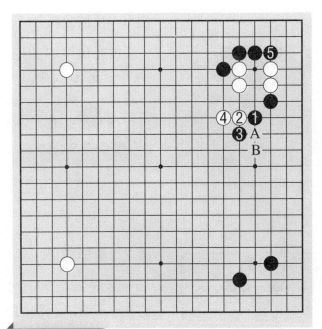

图9 黑棋优势

图9 黑棋优势

黑1尖时,白棋有白2压的变化。白2时,黑3扳很充分,白4只好长,黑5长进角,黑棋优势。以后白A断,黑B可以打吃。

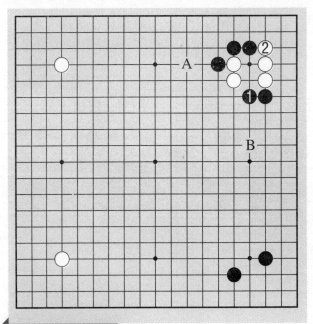

图10 笨拙的下法

图10 笨拙的下法

黑棋不选择图9中的尖,而是下成本图中的黑1长过于笨拙。白棋很稳健地在2位挡后,白棋由于可以窥视A位和B位,结果白棋有利。

第 9 型　一间反夹之五 ▶

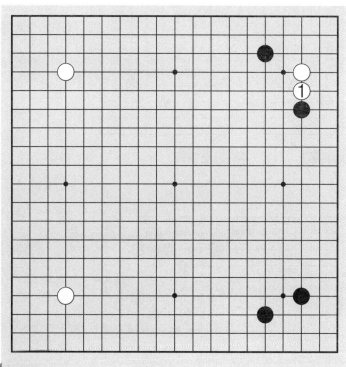

基本图

　　黑棋夹攻时，白 1 顶在普通情况下，俗手味道很浓，但在目前形势下却是强有力的整形手段。我们现在对其后续变化进行分析。

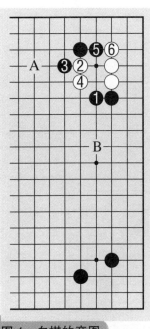

图1 白棋的意图

图2 本手

图1 白棋的意图

白棋顶时，黑1长不好，白2、4以下至白6均是预计的进行，白棋由于可以窥视A位和B位，黑棋结果不好。

图2 本手

本图中的黑1尖是本手。其后白2、4长，至白6是预计的进行，接着黑棋如果在A位跳，又还原成基本定式。

图3 定式

白⊙时，黑1尖是重视实地的下法。其后白2挡，黑3挖，以下至白14是基本定式。其中黑7与白8交换是极其重要的先手利用。

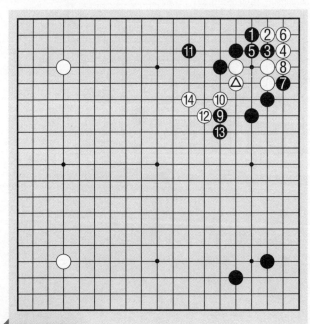

图3 定式

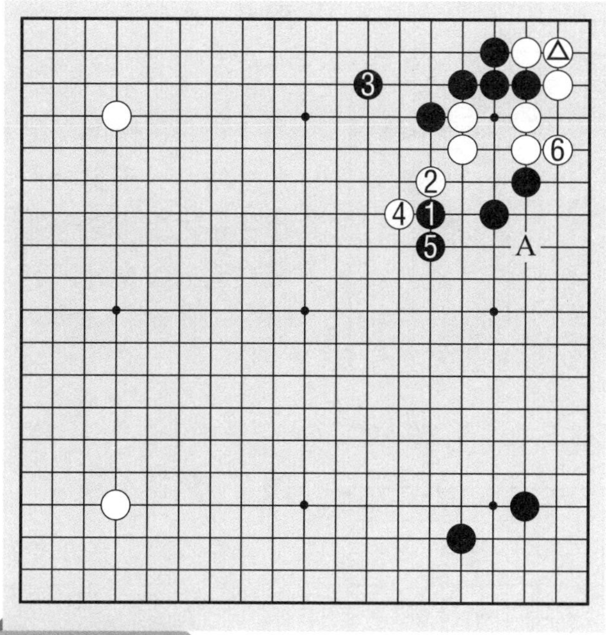

图4 次序错误

图4 次序错误

白◬连接时，黑棋未能像图3那样黑7先手与白8交换，而是于本图1位立即跳起，则是次序错误。白2靠，以下至黑5长时，白6下立是棋形的急所，以后白棋可以伺机抢占A位，黑棋不好。

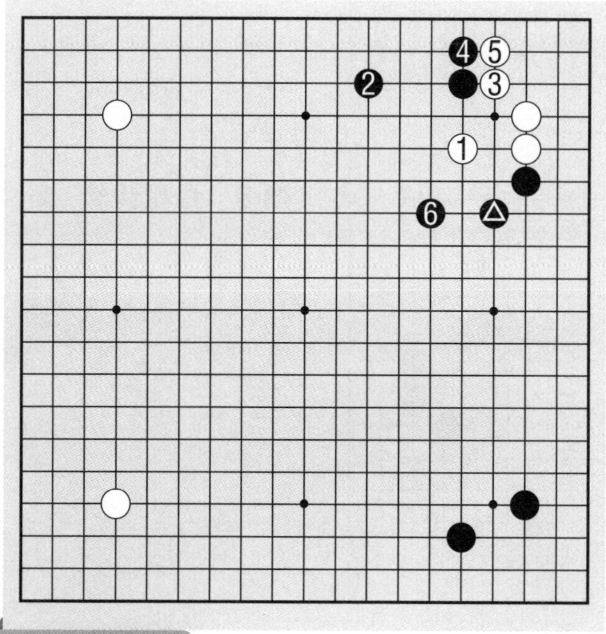

图5 黑棋满意

图5 黑棋满意

黑▲尖时，白1单跳的下法可以考虑。其后黑2拆，白3、5追求实地，但黑6单跳后，黑棋满意。

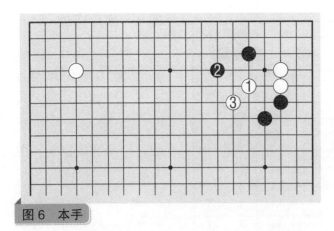

图6 本手

图6 本手

白1时,黑2如果飞补,白棋不去贪求角上做活,而选择白3出头是本手。这一进行黑白双方都充分可下。

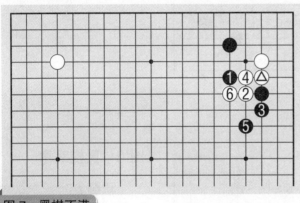

图7 黑棋不满

图7 黑棋不满

白⊕时,黑1单跳是疑问手。白2扳,然后白4连接,黑5补,白6拐出分割黑棋,黑棋不满。

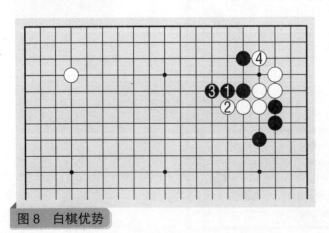

图8 白棋优势

图8 白棋优势

续图7,其后黑1长,但白2先手压,然后白4尖顶,白棋优势。

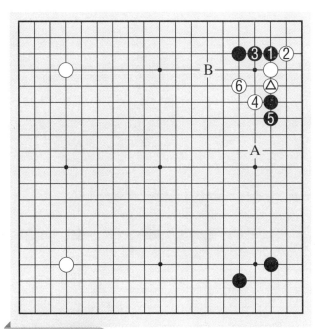

图 9 黑棋难受

图 9 黑棋难受

白⊛顶时,黑棋有可能于黑 1 托取实地,白 2 扳、黑 3 接均是必然的次序,但白 4 时,黑 5 退是疑问手,白 6 虎后,白棋可以窥视 A 位和 B 位,黑棋难受。

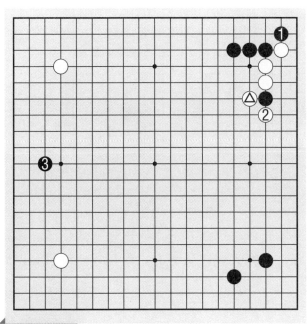

图 10 均势

图 10 均势

白⊛扳时,黑棋从气势上会黑 1 扳,其后白 2 打吃,黑 3 分投,双方下成均势。

第10型　二间反夹

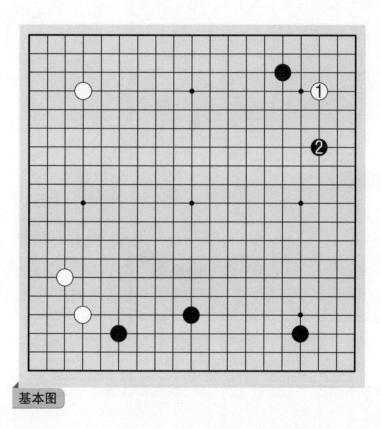

基本图

　　白1挂时,黑2二间夹是充分考虑到右下角黑棋强弱的下法。黑棋如要在右上角下得强烈一些,一间夹显得更有力。现在我们对黑2以后的变化进行分析。

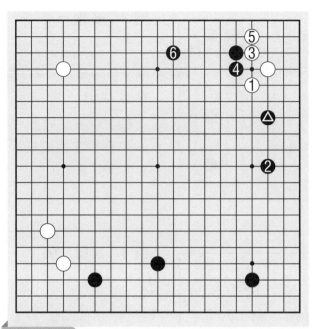

图1 定式

图1 定式

黑❷夹攻，白1尖向中腹是普遍的下法。黑2如果拆二，白3尖顶、白5下立安定自己，至黑6展开是基本定式。

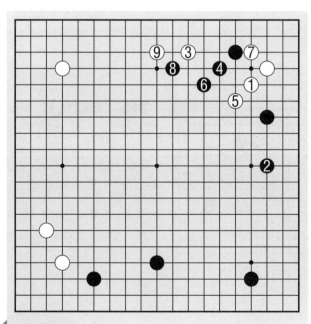

图2 均势

图2 均势

黑2时，白棋如果要下得积极一些，白3夹攻可以成立。其后黑4出头，白5以下至白9均是预想的进行，双方都充分可下。

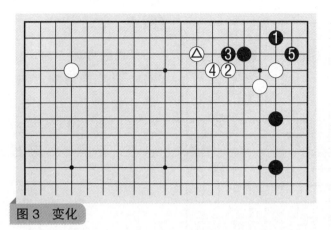

图3 变化

图3 变化

白△夹攻时，黑1飞尽快安定自己的下法可以成立。其后白2飞封，以下至黑5，下成外势与实地的转换，双方均充分可下。

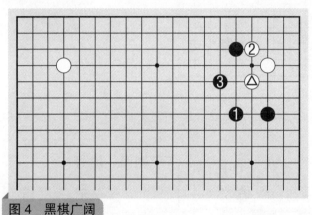

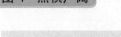

图4 黑棋广阔

白△时，黑1单跳是充分考虑到周边棋子配置的有力下法。其后白2尖顶，黑3飞，黑棋广阔。

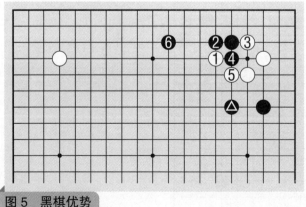

图5 黑棋优势

图5 黑棋优势

黑△时，白1与黑2交换之后，白3如果尖顶，黑4先手与白5交换之后，黑6拆二，这一进行黑棋由于两侧都得到了处理，结果黑棋优势。

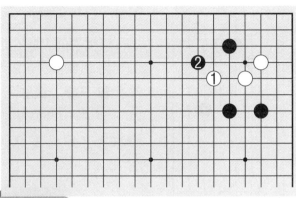

图 6　变化

　　白 1 如果跳出，黑 2 补棋很好。

图 6　变化

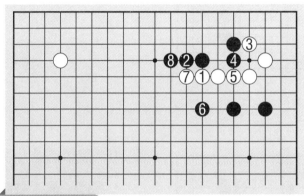

图 7　黑棋满意

　　续图 6，其后白 1 压，然后白 3 尖顶，黑 4 以下至黑 8 之后，结果仍是黑棋满意。

图 7　黑棋满意

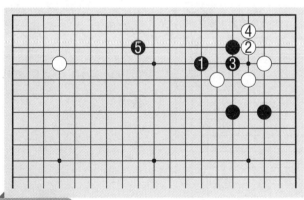

图 8　定式

　　白棋跳出时，黑 1 飞是重视上边的下法，白 2 尖顶，以下至黑 5 是基本定式。

图 8　定式

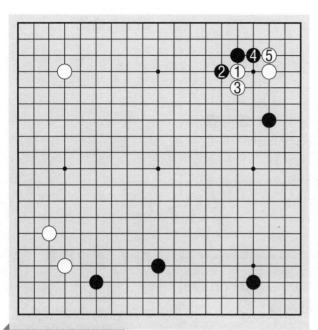

图 9 白棋的疑问手

图 9　白棋的疑问手

黑棋二间夹时,白1压如非特殊情况大部分都不好。黑2扳,以下至白5均是平常的次序。后续变化见图10。

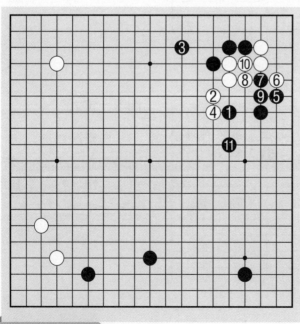

图 10　黑棋满意

图 10　黑棋满意

续图9,黑1跳起是好手法,白2尖向中腹,白4时,黑5是舒服的先手利用,白6尖,以下至黑11是预想的进行,结果黑棋满意。

第11型　二间高夹 ▶▶

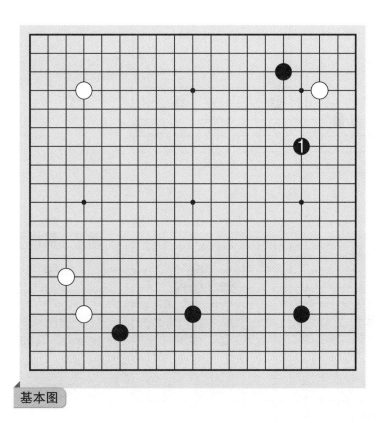

基本图

黑1二间高夹的下法是准备将角地让给对方，而自己在中腹构筑外势。现在我们对黑1夹攻以后的变化进行分析。

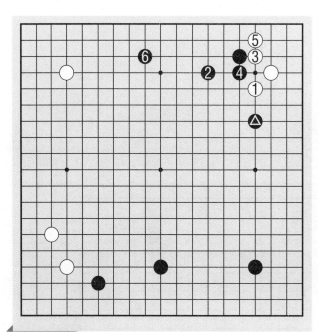

图1 定式

图1 定式

黑▲夹攻时,白1尖,然后白3尖顶,是首先应考虑的下法。其后黑4长,白5下立,黑6展开,是基本定式。

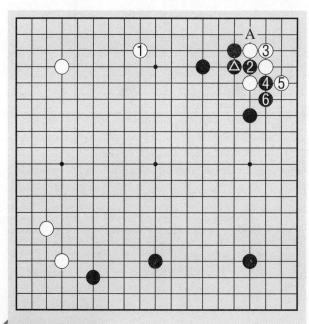

图2 黑棋厚势

图2 黑棋厚势

黑▲时,白棋不在A位下立,而是于白1展开不好。白1时,黑2挤、4断,白5只好打吃,而黑6长后,黑棋厚势。

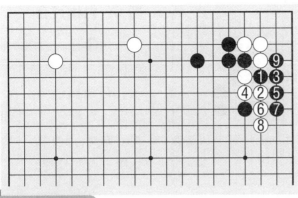

图3 白棋被杀

图3 白棋被杀

黑1断时,白2这样打吃,然后白4连接,是白棋无理。黑5、7先手爬后,黑9拐,角上白棋被杀死。

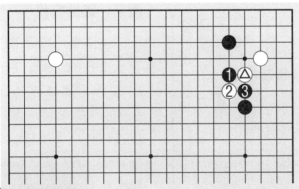

图4 取外势

图4 取外势

白⊙时,黑1压取外势,其后白2扳、黑3断均是具有气势的进行。后续变化见图5。

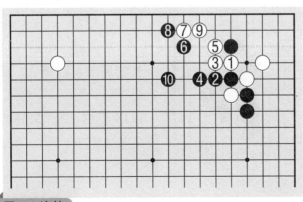

图5 均势

图5 均势

续图4,其后白1挖打、白3冲,黑4以下至黑10是预想的次序,白棋占据很大的角地,而黑棋可以确立强大的外势,双方均无不满。

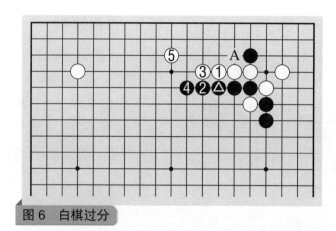

图6 白棋过分

图6　白棋过分

黑▲时，白棋不在A位拐，而是白1、3长，是白棋过分。白5之后，白棋作战看似取得了成功，其实不然。后续变化见图7。

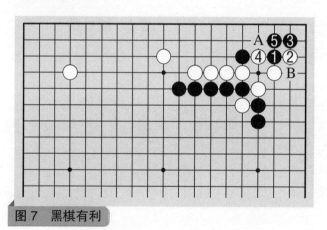

图7 黑棋有利

图7　黑棋有利

续图6，其后黑棋有黑1托的余味，白2如果扳，黑3连扳是手筋。白4时，黑5连接，其后黑棋可以窥视A位和B位，结果黑棋有利。

图8 定式

图8　定式

白1压然后白3长的下法可以成立。其后黑4长，白5挡，以下至白13，又还原成基本定式。

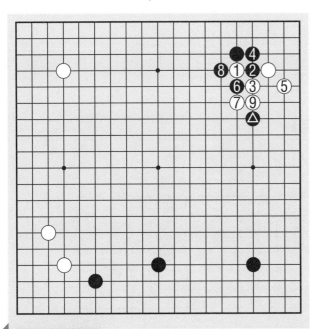

图9 白棋充分

图9 白棋充分

白1压时,黑棋有黑2挖的变化。此时白3打吃是正确的方向,黑4连接时,白5虎是一种方法,黑6以下至白9,黑▲一子被削弱。结果白棋充分。

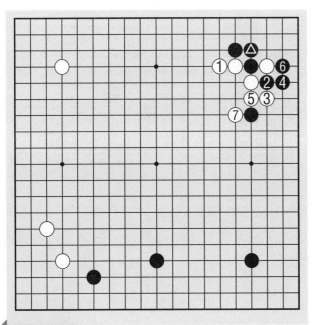

图10 定式

图10 定式

黑▲连接时,白1长是重视上边和中腹的下法,其后黑2断,以下至白7,双方形成外势对实地的转换。这一进行是基本定式。

第12型　大斜以后

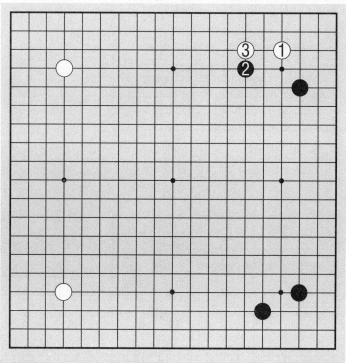

基本图

白1挂时，黑2大飞是难解的大斜定式的出发点。白3托，白棋虽然略损，但其意图是避免出现复杂的变化。

图1 黑棋厚势

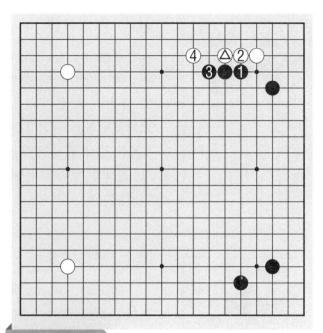

图1 黑棋厚势

白△时,黑1是棋形的急所,其意是取外势。白2连接,黑3、白4之后,黑棋厚势。

图2 黑棋流畅

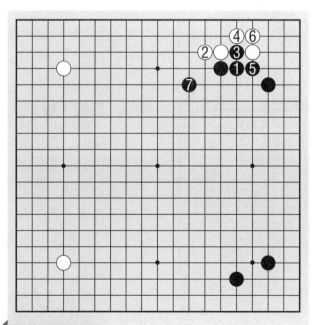

图2 黑棋流畅

黑1时,白2如果长,黑3与白4交换之后,黑5挡,白6连接,黑7飞,结果黑棋流畅。

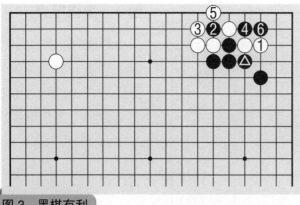

图3 黑棋有利

图3 黑棋有利

黑▲时，白1如果长，黑2断是机敏的试应手。其后白3如果打吃黑棋一子，则黑4反打后，黑6可以抢占角地，结果黑棋有利。

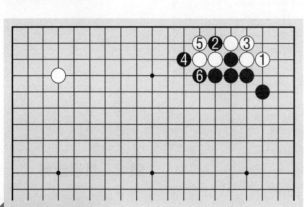

图4 黑棋满意

图4 黑棋满意

黑2时，白3如果连接，黑4则是手筋，白5打吃，黑6挡，结果仍是黑棋满意。

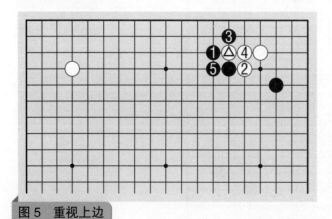

图5 重视上边

图5 重视上边

白▲时，黑棋如果重视上边，黑1扳的下法可以成立。其后白2扳，黑3先手打后，黑5可以连接，后续变化见图6。

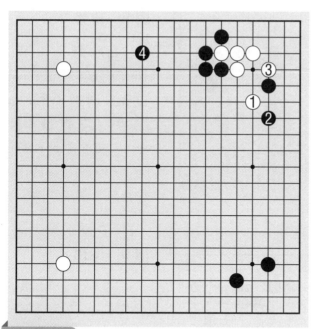

图6 定式

图6 定式

续图5,其后白1飞压,黑2以下至黑4是基本定式,结果双方都充分可下。

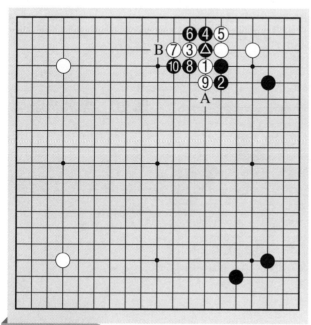

图7 征子关系

图7 征子关系

黑⊙时,如果征子有利,白1断的下法可以成立。其后黑2是很平常的应手,但白3打吃,白5挡,黑6以下至黑10时,A位和B位的征子能否成立将是成败的关键。但目前是黑A的征子可以成立,白棋不行。

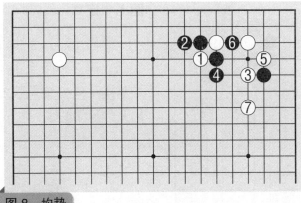

图8 均势

白1断时，黑2长的下法可以成立。而白3压则是常用的试应手，其后黑4长，白5、黑6均是具有气势的进行，至白7跳，结果双方下成均势。

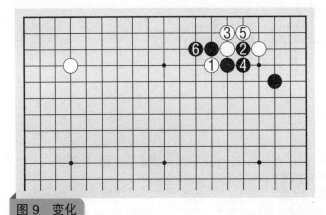

图9 变化

白1时，黑棋考虑到征子不利，于2位打吃之后，黑4连接的下法可以成立。白5如果拐头，黑6则可以长，后续变化见图10。

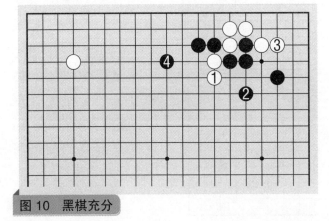

图10 黑棋充分

续图9，白1如果长，黑2单跳，白3守，黑4飞，结果黑棋充分。

第13型 简明的选择 ▶▶

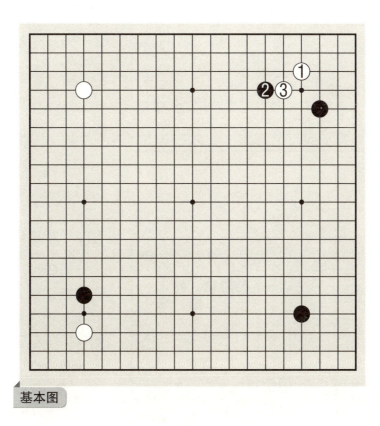

基本图

白1挂,黑2飞封时,白3尖是一种取实地的下法。那么白3以后的变化会如何?我们现在对此进行分析。

图1 定式

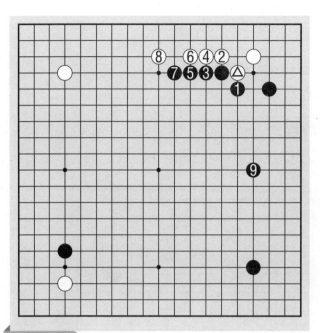

图1 定式

白△时，黑1扳是首先考虑的下法，白2虎，黑3以下至白8是基本定式。其后黑棋以强大的外势为背景，于黑9展开，结果双方均无不满。

图2 次序错误

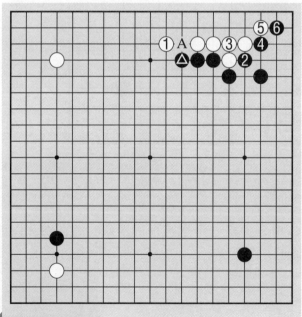

图2 次序错误

黑△时，白棋不在A位继续长，而是白1跳出则次序错误。黑2打吃，然后黑4虎，是追攻白棋失误的好次序。其后白5扳时，黑6连扳的强手可以成立。

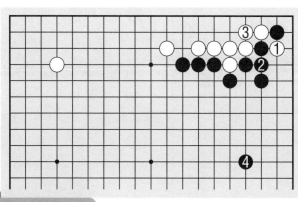

图3 黑棋满意

图3 黑棋满意

续图2，白1打吃之后，白3连接，此时黑4可以脱先抢占大场，结果黑棋有利。

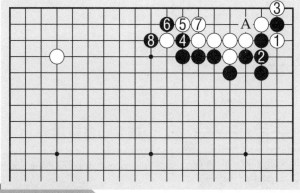

图4 黑棋优势

图4 黑棋优势

白棋另外还有白1、3打吃的变化。此时黑4冲，然后黑6断，白棋由于存在A位的致命弱点，只好于白7连接，以下至黑8打吃白棋一子，结果黑棋优势。

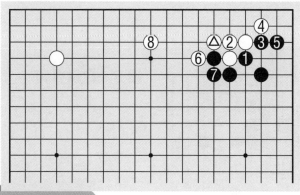

图5 白棋充分

图5 白棋充分

在定式的进行中，白⊙时，黑1立即打吃，然后黑3虎是次序错误。白4扳，以下至白8，结果白棋充分。

图6 黑棋的变化

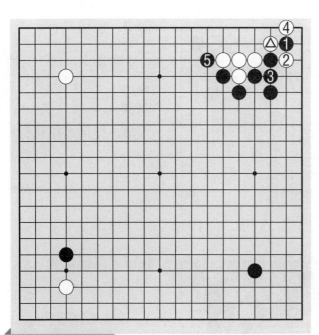

白⊕时,黑棋有黑1连扳的变化。白2、4打吃黑棋一子很好,其后黑5扳试图挽回损失。后续变化见图7。

图6 黑棋的变化

图7 白棋满意

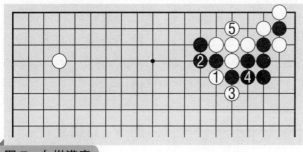

续图6,白1、3先手利用后,白5补是很好的次序,结果白棋满意。

图7 白棋满意

图8 白棋有利

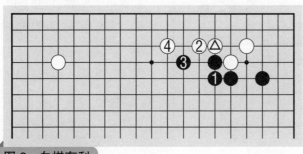

白⊕虎时,黑1连接仍然不好。白2长,黑3时,白4出头,结果是白棋有利。

图8 白棋有利

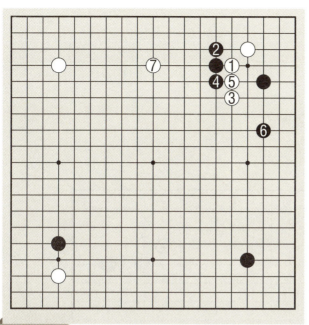

图9 变化

图9 变化

白1时，黑棋如不愿让白棋轻松整形，黑2下立的下法可以考虑。白3单跳，以下至黑6是基本定式，而白7是绝好点，结果黑棋的作战成效不大。

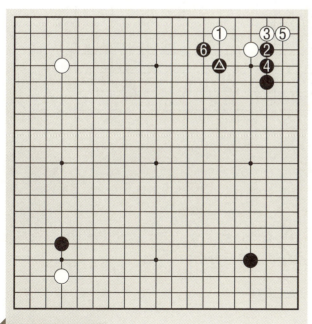

图10 白棋低位

图10 白棋低位

黑△时，白1飞安定自己过于消极。黑2靠，白3扳时，黑4连接很好，白5下立，黑6尖，结果白棋整体处于低位。

第14型 利用弱点 ▶

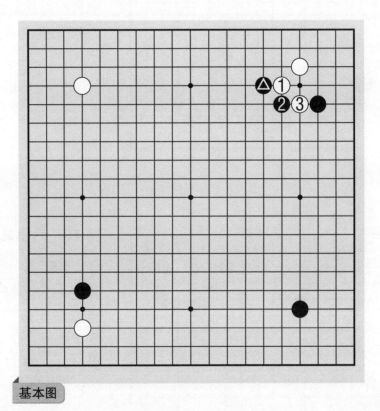

基本图

黑⚫︎飞封时,白1尖,黑2扳,白3挖,目的是利用黑棋的弱点来整形。我们现在对白3挖后的变化进行分析。

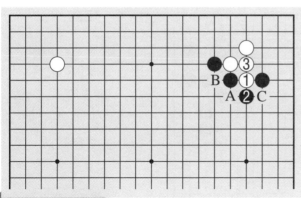

图 1 黑棋的选择

图1 黑棋的选择

白1挖时,黑2只有打吃,白3连接之后,黑棋可以考虑的连接方法有A、B、C三种。

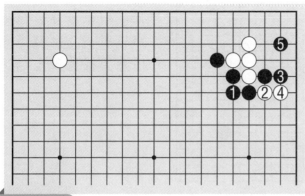

图 2 白棋满意

图2 白棋满意

我们首先分析黑1连接的变化。黑1时,白2断是好棋,黑3打吃、黑5虎是恶手,其后白6、黑7都是可以预想的进行,黑棋不好。黑棋不但有A位的弱点,而且B位还露风。

图3 本手

白2时,黑3下立后黑5单跳是本手。

图4 定式

续图3，其后白1顶，黑2、4先手利用后，黑6脱先，结果双方均无不满。这一进行是基本定式。

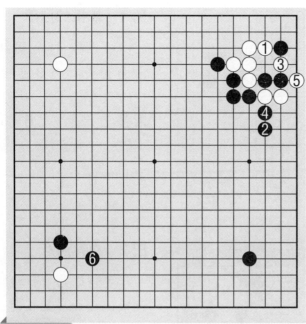

图4 定式

图5 黑棋难受

白1时，黑2如果粘则过于贪心。此时白3单跳是好棋，黑4、6补棋，以下至白15，白棋安定，结果黑棋难受。主要是黑棋角上被A位点后还不活。

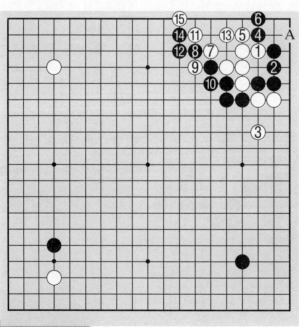

图5 黑棋难受

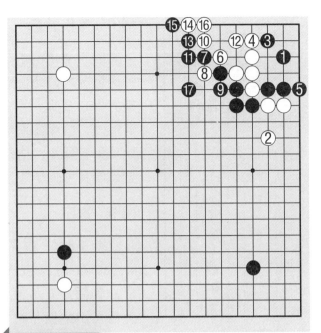

图6 黑棋有利

图6 黑棋有利

黑1单跳时，白2立即在右边单跳不好。黑3、5在角上活净之后，白6以下至白16，白棋只好在上边求活，以下至黑17，黑棋构筑成强大的外势，结果黑棋有利。

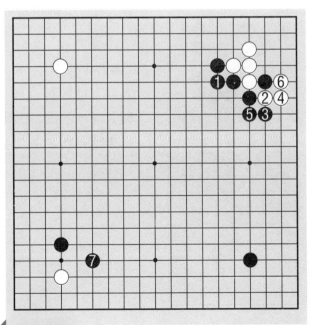

图7 定式

图7 定式

现在我们再来分析黑1连接的变化。白2断，以下至白6是基本定式。黑棋争得先手后，黑7飞封，双方形成典型的外势对实地的作战。

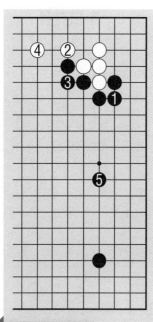

图8 黑棋满意　　图9 次序

图8 黑棋满意

黑1连接如非特殊情况大部分是受损。但白2扳，黑3连接时，白4如果单跳，黑5展开，结果是黑棋满意。

图9 次序

黑1时，白2、4打吃攻击黑棋一子，其后黑5下立，然后黑7继续下立，准备吃角上白棋。后续变化见图10。

图10 白棋略有利

续图9，其后黑1点予以利用，但白2平淡地补棋，黑3时，白4脱先，结果白棋略有利。

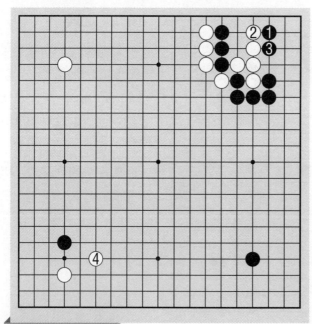

图10 白棋略有利

第15型　大斜定式 ▶▶

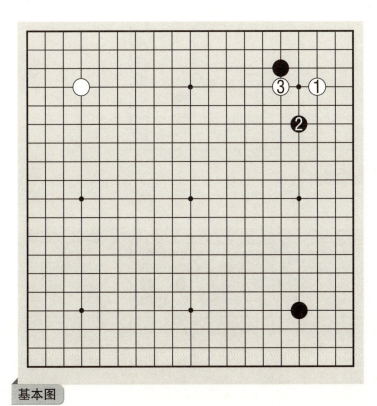

基本图

白1挂，黑2飞封时，白3压，很可能下成复杂的大斜定式。以后的变化非常复杂，下面对此逐一进行分析。

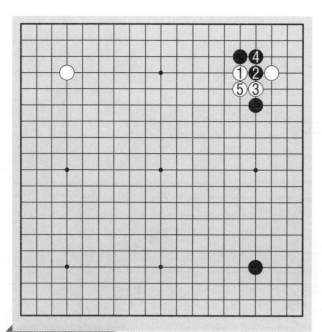

图1 简明的下法

图1 简明的下法

白1压时，黑2挖是大斜定式的出发点。其后白3打吃，黑4连接均是必然的次序，白5连接是力求简明的下法。

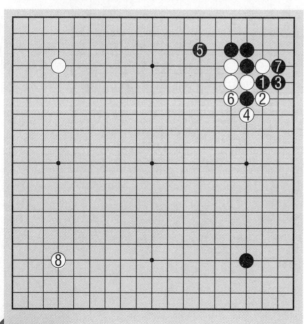

图2 定式

图2 定式

续图1，其后黑1断，白2以下至黑7是必然的进行，这是大斜的简明定式。黑棋虽然获取了很大的实地，但白棋争得先手后，白8抢占左下角，双方均充分可下。

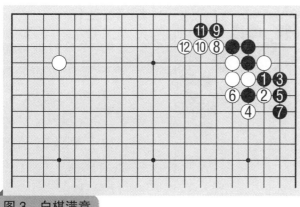

图3 白棋满意

图3 白棋满意

黑1断以下至白4时,黑5打吃后黑7挺头是俗手,白棋获得先手后,白8扳以下至白12,白棋构筑外势,白棋满意。

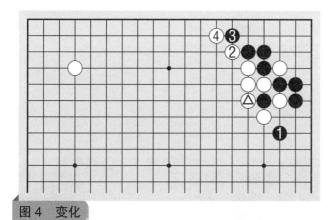

图4 变化

图4 变化

白△时,黑棋有黑1飞的变化,白2、4则可以连扳,后续变化见图5。

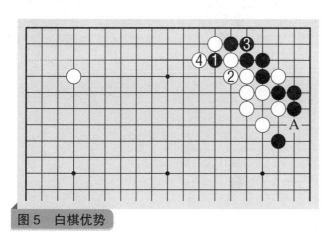

图5 白棋优势

图5 白棋优势

续图4,其后黑1打吃,然后黑3连接,至白4,白棋由于有A位造劫的余味,结果黑棋不好。

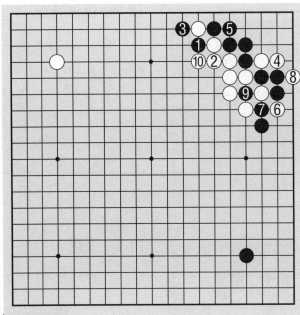

图6 变化

图6 变化

黑1、3打吃白棋一子的变化也可以考虑，白4挡是强手，其后黑5连接，白6扳，以下至黑9，白棋造劫很严厉，白10是现成的劫材。

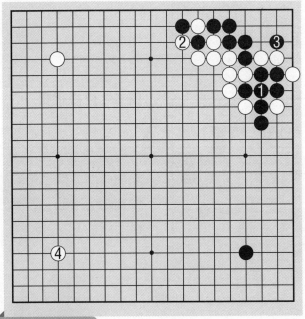

图7 白棋有利

图7 白棋有利

黑棋由于缺少合适的劫材，只好于黑1连接，白2则可以先手提子。黑3必须补棋，白4脱先抢占大场，结果白棋有利。

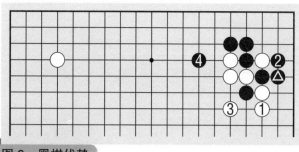

图 8 黑棋优势

图 8 黑棋优势

在定式的进行中,黑▲时,白棋不去征吃黑棋一子,而是白1长,这手棋只有在征子不利时方可考虑,但在目前形势下,白棋不好。

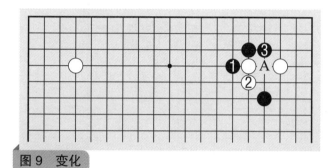

图 9 变化

图 9 变化

黑棋不在 A 位挖,而于黑1扳寻求变化,目的是争抢先手。其后白2和黑3长是必然的次序,后续变化见图10。

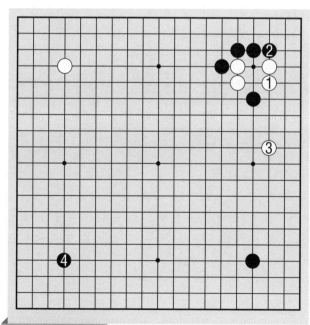

图 10 黑棋充分

图 10 黑棋充分

续图9,其后进行至白3时,黑棋争得先手抢占左下角,由于黑棋占领了三个角,结果黑棋充分。

第16型 旧定式

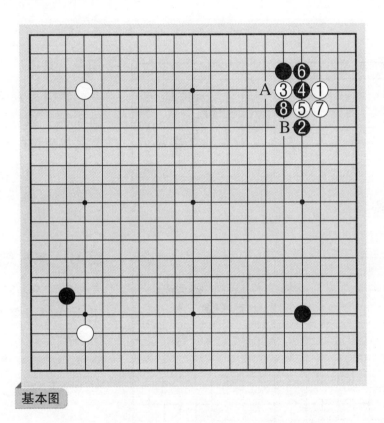

基本图

白1挂,以下至黑6时,白7如果连在下面,黑8只有切断,其后白棋在A位长则会下成大斜定式。我们现在分析一下白棋若在B位打吃的变化。

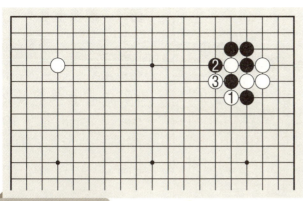

图1 必然的进行

白1打吃,黑2提子,白3打吃,是必然的次序。

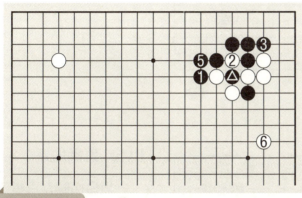

图2 旧定式　④=△

图2 旧定式

续图1,其后黑棋不粘劫,而是黑1打吃,白2提子,以下至白6是基本型,这是旧定式的一种。

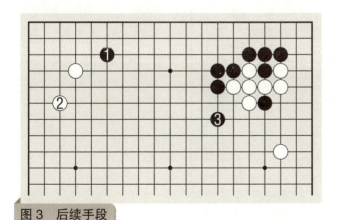

图3 后续手段

续图2,其后黑棋以外势为后援,于黑1挂,白2补棋,黑3单跳,这是双方平稳的进行。

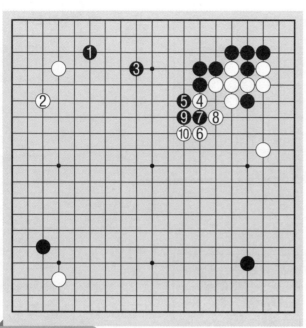

图4 黑棋重复

图4 黑棋重复

白2时，黑3补棋略显重复。白4扳，黑5时，白6单跳是好手法，以下至白10，白棋下成厚形，结果白好。

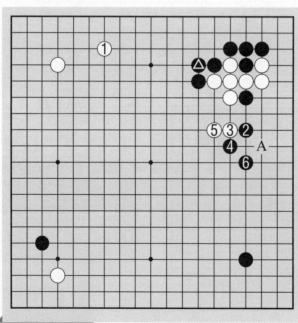

图5 黑棋优势

图5 黑棋优势

黑⊕接时，白棋不在A位展开，而是白1脱先则不好。黑2是严厉的攻击手段，至黑6，黑棋明显优势。

图6 白棋有利

在定式的进行中，白1打吃时，黑2立即连接不好，白3打吃黑棋一子，以下至白7是预想的次序，结果白棋有利。

图7 黑棋无理

白1打吃时，黑2断造劫无理。白3提子时，由于初盘无劫，黑棋不好。

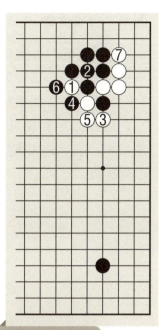
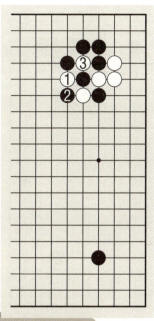

图6 白棋有利　　图7 黑棋无理

图8 黑棋有利

白棋暂时保留A位的打吃，而直接白1打吃，是次序错误。黑2打吃，以下至白7，黑棋争得先手后于黑8挂，结果黑棋有利。

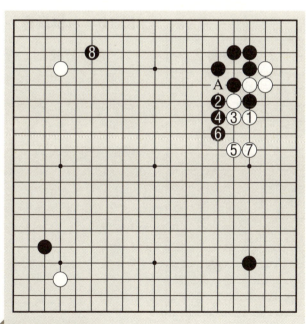

图8 黑棋有利

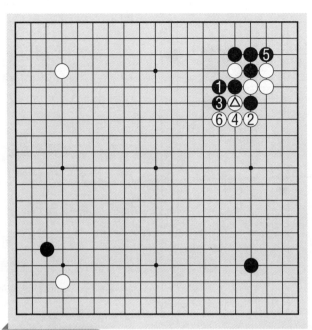

图 9 白棋优势

图 9 白棋优势

白△打吃时，黑棋不提白棋一子，而是黑1长不好。白2如果打吃，黑3先手利用后，黑5挡角，白6拐，白棋优势。

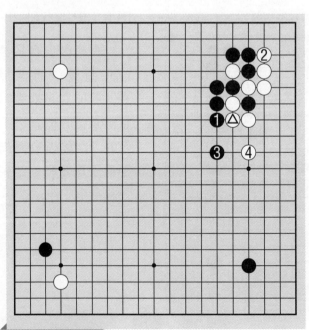

图 10 白棋满意

图 10 白棋满意

白△连接时，黑1如果压，白2挡角，白棋很充分。其后黑3单跳，白4也跳，白棋的实地很大。

第17型　大型定式

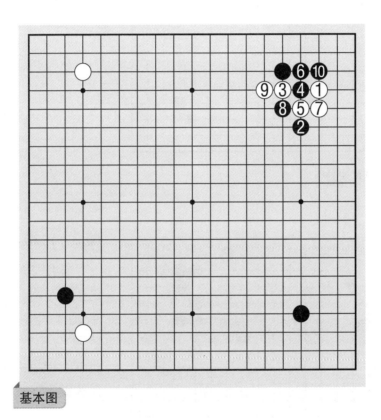

基本图

　　白1挂，以下至黑8时，白9如果长，黑10则挡角，必然下成大型定式。那么黑10以后的变化如何？我们现在逐一进行分析。

图1 必然的进行

黑1挡角时，白2在三线长是必然的，后续变化见图2。

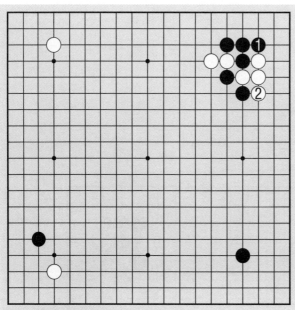

图1 必然的进行

图2 定式

续图1，其后黑1连接是一种下法。白2单跳，黑3生根，以下至白8是一种基本定式。以后中腹的交战是关键。

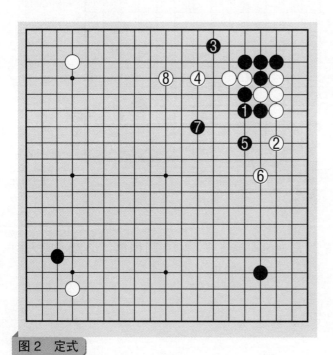

图2 定式

图3 黑棋满意

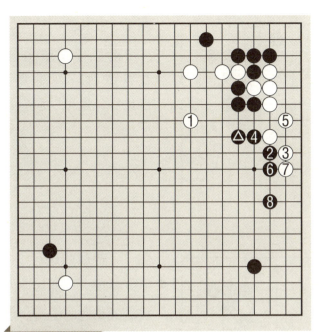

图3 黑棋满意

在定式的进行中，黑▲时，白棋不向边上出头，而是白1二间跳不好。黑2靠是正确的手法，白3扳，以下至黑8整形，黑棋满意。

图4 黑棋充分

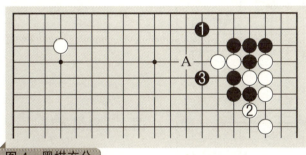

图4 黑棋充分

黑1飞时，白棋不在A位跳，而是白2虎，仍然不好。黑3跳封白棋二子，结果黑棋充分。

图5 白棋难受

图5 白棋难受

续图4，白1如直接出动则时机不成熟。黑2长，白3长，黑4、6攻击白棋是很好的次序。结果白棋自惹麻烦，非常难受。

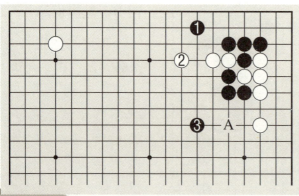

图6 变化

图6 变化

白2时,黑棋不在A位跳,而是黑3走象步,是可以考虑的变化。

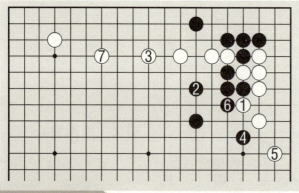

图7 普通的进行

图7 普通的进行

续图6,其后白1虎是最普通的进行。黑2单跳补自己的弱点,白3以下至白7是双方最佳的进行。

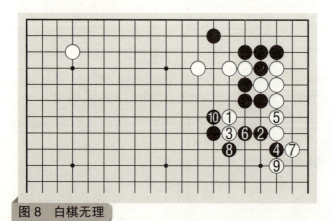

图8 白棋无理

图8 白棋无理

白1直接攻击黑棋的弱点是无理下法。此时黑2问白棋的应手是好棋,其后白3时,黑4、6先手利用,以下至黑10,白棋非常难受。

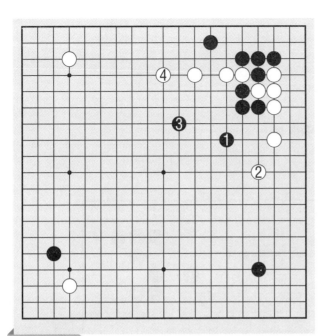

图9 定式

图9 定式

本图中黑1飞整形的下法可以成立。白2补棋时，黑3大飞整形是要领，至白4补是基本定式。

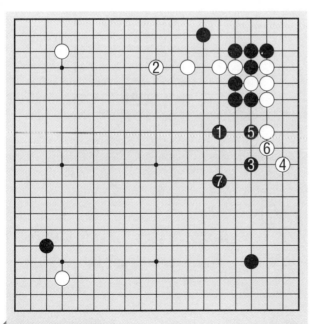

图10 黑棋有利

图10 黑棋有利

黑1时，白2补棋操之过急，而黑3则是追攻白棋失误的好棋，白4出头，黑5先手与白6交换之后，黑7整形，结果黑棋有利。

第18型 攻击性封锁

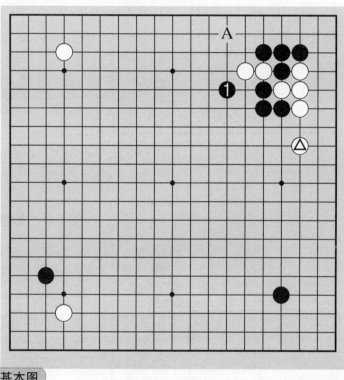

基本图

白△跳出时，黑如果A位飞，这是双方简明的下法。但黑棋不在A位飞，而是黑1跳封，是攻击型下法。现在对白棋的应手进行分析。

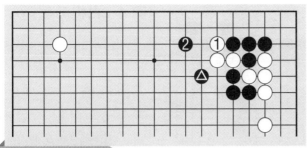

图1 绝对的一手

图1 绝对的一手

黑❶时,白1挡是绝对的一手,其后黑2封,后续变化见图2。

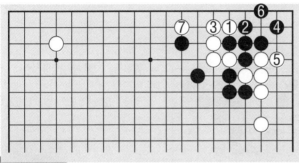

图2 次序

图2 次序

续图1,其后白1、3扳接是正确的次序,黑4虎谋求做活,白5则先手与黑6交换,之后白7托是手筋。

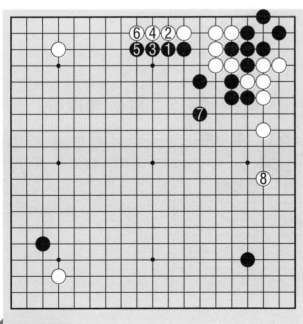

图3 定式

图3 定式

续图2,黑1长,白2以下至白8是基本定式。

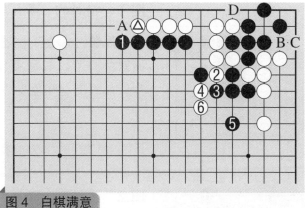

图4　白棋满意

白△时，黑1长是疑问手。黑1时，白2、4强断很好，以下至白6，白棋作战有利。以后黑A挡时，白B、黑C、白D，白棋可以先手做活，结果白棋满意。

图4　白棋满意

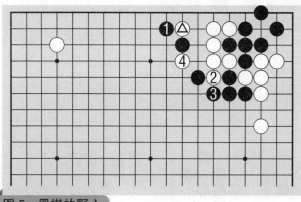

图5　黑棋的野心

白△时，黑1扳无理。白2冲，然后白4夹，是追攻黑棋失误的严厉手段。

图5　黑棋的野心

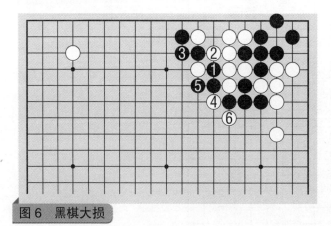

图6　黑棋大损

续图5，其后黑1如果断，白2、4两打后，白6扳，白棋可以吃住黑棋四子，黑棋大损。

图6　黑棋大损

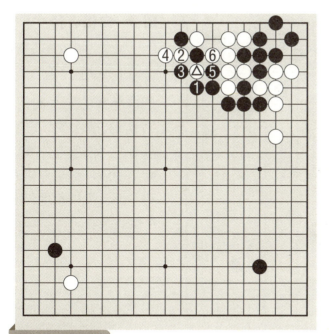

图7 白棋优势

图7 白棋优势

白△时，黑1如果挡，白2以下至白6是预想的进行，黑棋明显不利。

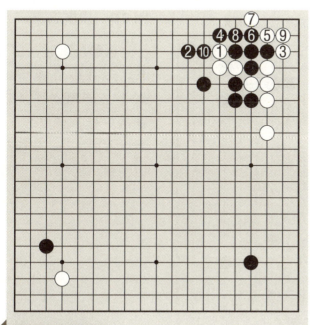

图8 白棋充分

图8 白棋充分

在定式的进行中，白1拐，黑2飞，白棋如果重视角地，白3扳可以成立。黑4扳也是具有气势的一手，以下至黑10，白棋可以先手占取实地。

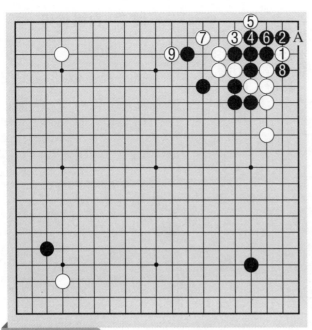

图9　白棋有利

白1扳时，黑2扳是疑问手。白3、5是很舒服的先手利用，黑6连接，白7虎，黑8只有打吃，白9则是手筋，结果白棋有利。而且黑棋角地仍有A位的余味。

图9　白棋有利

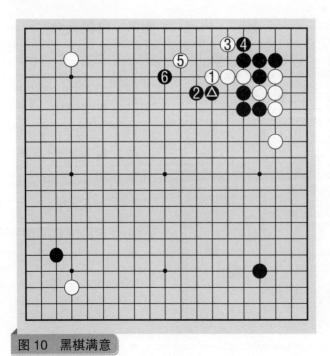

图10　黑棋满意

黑△跳封时，白1长，白3跳是典型的俗手，而黑4则是稳健的好棋，至黑6飞，黑棋占据主动，黑棋可以满意。

图10　黑棋满意

第 19 型　弃子战术 ▶▶

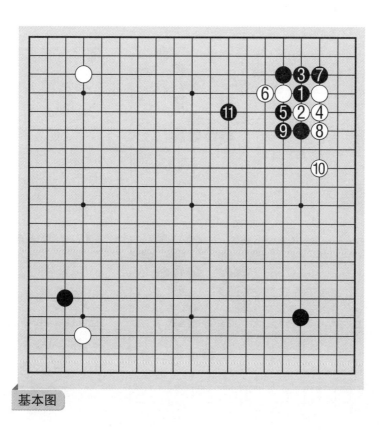

基本图

　　黑 1 挖，以下至白 10 是大斜定式的基本型。其后黑 11 攻白棋，白棋应如何应对？现在我们对此进行分析。

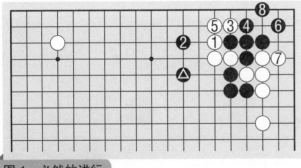

图1 必然的进行

图1 必然的进行

黑❶封时，白1拐下是必然的。其后黑2继续封锁时，白3、5扳接是好次序，黑4、6被迫做活，问题在于黑8以后如何进行。

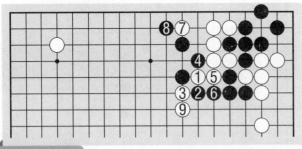

图2 好次序

图2 好次序

续图1，白1尖后白3断是好次序，而黑4、6又是最顽强的应手，白7托后白9长又是好次序。

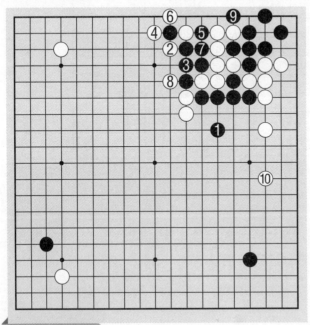

图3 弃子战术

图3 弃子战术

续图2，其后黑1只有跳出，白2断是手筋，黑3无可奈何补棋，白4以下至白10，白棋利用弃子作战，双方均无不满。

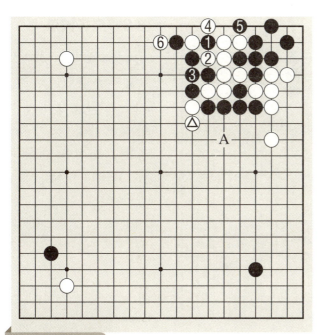

图4 黑棋难受

图4 黑棋难受

白△时，黑棋不在A位跳出，而是于黑1打吃是大恶手。白2打吃，黑3只好连接，白4提子，黑5扳时，白6夹，结果黑棋难受。

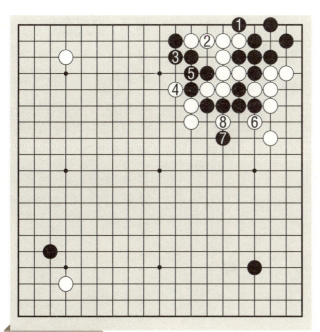

图5 黑棋被杀

图5 黑棋被杀

黑棋不采用图4中的打吃，而是于本图黑1扳，之后白2是稳健的好棋，黑棋不行。其后黑3补棋，白4则先手与黑5交换，然后白6虎，黑棋被杀。黑7如果逃跑，白8挖后，黑棋仍然无法逃生。

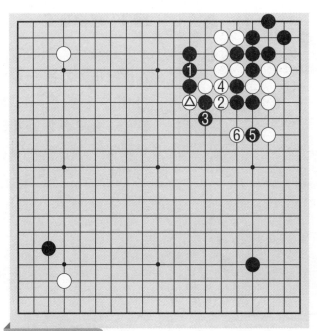

图6 黑仍被杀

图6 黑仍被杀

白△断时，黑1连接仍然不能成立。白2打吃后白4连接是稳健的次序，以后黑5逃跑，白6夹则是手筋，黑棋不能活。

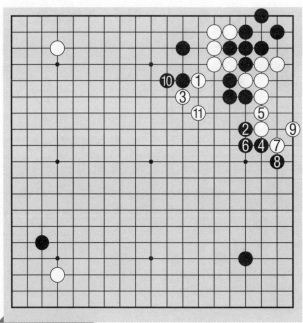

图7 白棋有利

图7 白棋有利

白1时，黑2压的意图是白3扳时黑4也扳，但由于白5、7是很好的次序，黑棋难有好的结果。白棋下至白9活净，黑10还必须补棋，白11虎，白棋有利。

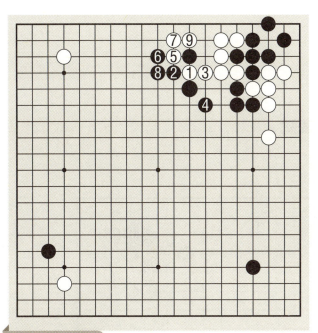

图8 均无不满

图8 均无不满

白棋不采用尖，而是白1挖的下法可以成立。黑2打吃，白3以下至白9安定，双方均无不满。

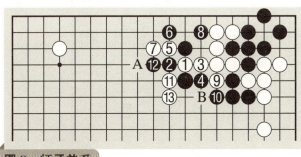

图9 征子关系

图9 征子关系

白1、3时，黑4挡只有在征子有利时才可以考虑。但在目前状况下，进行至白13时，白棋有A位和B位的打吃，黑棋不行。

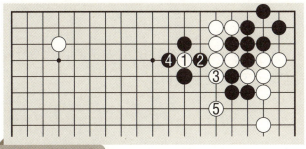

图10 白棋满意

图10 白棋满意

白1时，黑2打吃，白3挺头，白棋充分。黑4提子，白5封捕获住黑棋三子后，白棋极其满意。

第 20 型　意图的表露 ▶▶

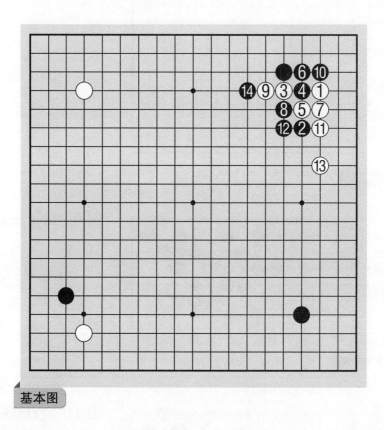

基本图

　　进行至白 13 是基本型，黑 14 顶明显地表露出黑棋不愿白棋向上边发展。以后的变化如何？我们现在对此进行分析。

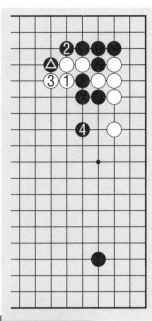
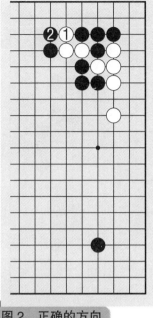

图1 黑棋满意

黑▲靠时，白1长正中黑棋下怀，黑2联络，白3压，至黑4单跳，白棋不利。

图2 正确的方向

白1冲是正确的方向，其后黑2贴，以后的行棋将是对局的关键。

图1 黑棋满意　　**图2 正确的方向**

图3 均势

续图2，其后白1很好，黑2被迫联络时，白3拐是好次序。其后黑4只好出头，白5先手利用很舒服，黑6补棋，至白7飞是基本定式，双方下成均势。

图3 均势

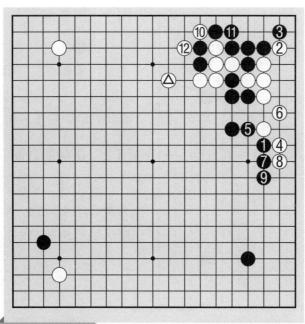

图4 白棋满意

图4 白棋满意

白△单跳时，黑棋不采用图3中的下法，而于黑1靠，是黑棋的贪心。白2先手利用非常机敏，黑3扳，白4以下至白12，白棋满意。

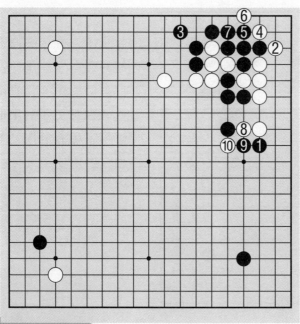

图5 黑棋难受

图5 黑棋难受

白2时，黑3虎是避免图4进行的下法，但白4、6先手利用后，白8、10切断黑棋，结果黑棋难受。角上白棋由于白4、6是先手，已经活净。

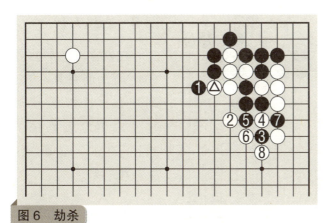

图6 劫杀

图6 劫杀

白△拐时，黑棋不顾右侧三子，而是黑1扳，仍然不好。黑1时，白2是手筋，黑3压进行抵抗，白4以下至白8，双方形成打劫，黑棋不利。

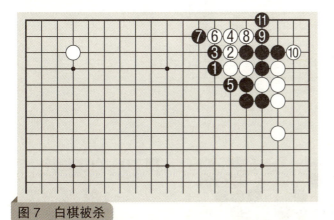

图7 白棋被杀

图7 白棋被杀

黑1靠，白2、黑3后，白4下立不能成立。黑5挡，白6以下至白10，白棋与黑棋进行对攻，但黑11是手筋，结果白棋被杀。

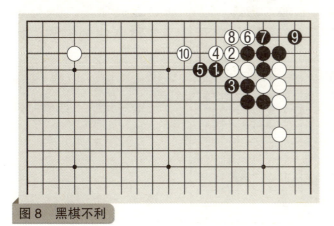

图8 黑棋不利

图8 黑棋不利

黑1、白2时，黑3挡失误。白4拐，黑5长时，白6、8扳接，黑9只好做活，但白10出头后，黑棋不利。

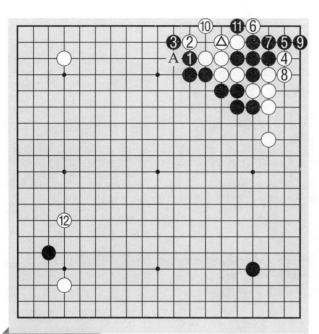

图 9 白棋有利

图 9 白棋有利

白⊕接时，黑棋不去活角，而是黑 1 挡，则白 2 扳，以下至黑 11，白棋瞄着 A 位的断而于白 12 引征，结果白棋有利。

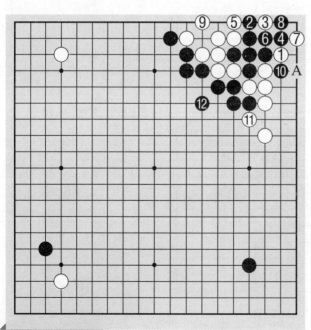

图 10 白棋优势

图 10 白棋优势

白 1 扳时，黑 2 下立，各自做活，但白 3 是手筋，是打破黑棋意图的好棋。以下至黑 12 均是必然的次序，黑棋由于留有 A 位劫的余味，结果白棋优势。

第21型 以防守为主的单跳▶▶

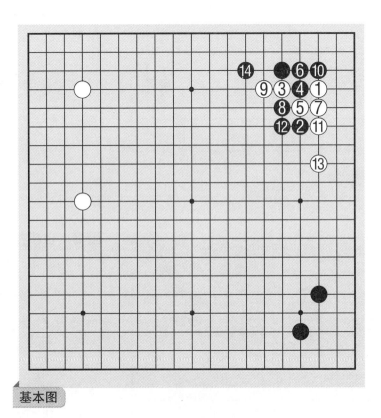

基本图

白1挂时,黑2以下至白13是常见的次序,其后黑14单跳可以说是以防守为主的下法。那么白棋如何整形?我们现在对此进行分析。

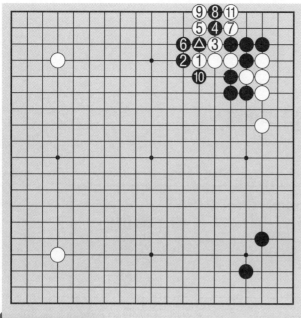

图1 白棋无理

图1 白棋无理

黑△单跳，白1则是双方必争的急所，其后黑棋不去安定自己，黑2扳是手筋。白3冲，黑4挡，以下至黑8的进行是大家熟悉的次序，但白9打吃无理。黑10、白11为必然的次序。

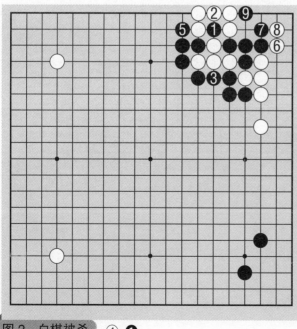

图2 白棋被杀　④=❶

图2 白棋被杀

续图1，其后黑1扑，白2提子，黑3后黑5紧气，白6只好扳，而黑7则是绝妙一手，黑9尖又是与黑7连贯的好手，至此白棋已动弹不得。白棋被杀死。

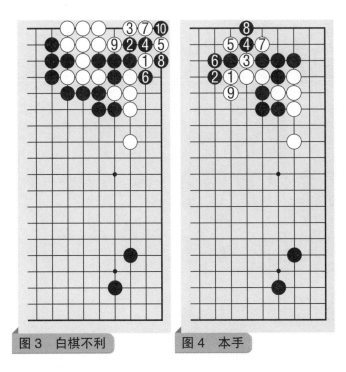

图3 白棋不利

图4 本手

图3 白棋不利

白1扳，黑2曲时，白3托是一种手筋，但黑4以下至黑10，白棋束手无策。这里虽是打劫，但由于初盘，白棋没有好的劫材，白棋不利。

图4 本手

白1长，以下至黑8时，白9曲是本手。

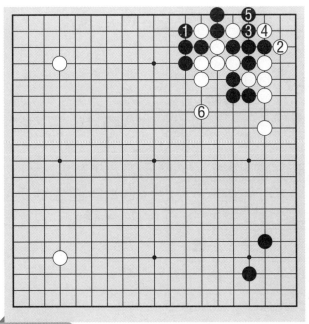

图5 均势

图5 均势

续图4，黑1打吃白棋一子，白2、4先手利用后，白6单跳，双方形成均势。

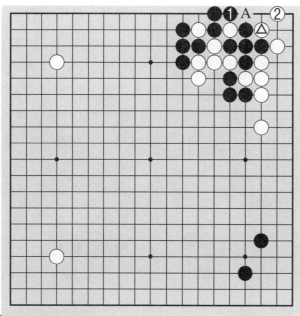

图6 黑棋不满

图6 黑棋不满

白⊕打吃时，黑1提是疑问手。白2虎是惩罚黑棋失误的好棋，黑棋由于有A位劫的余味，还必须后手补棋，结果黑棋不满。

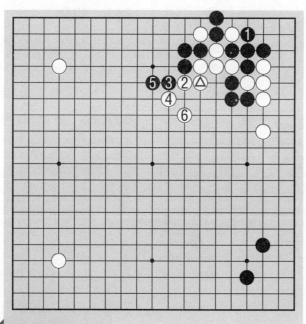

图7 变化

图7 变化

白⊕时，黑棋为了避免角上被白棋的利用，于黑1打吃的下法可以成立。而此时白2拐是很舒服的先手利用，黑3扳，以下至白6是最佳的进行，这一结果仍是双方充分可下。

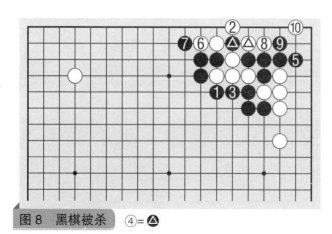

图 8 黑棋被杀　④=△

图 8　黑棋被杀

基本定式的进行中，白△打吃时，黑棋不在 2 位下立，而于黑 1 打吃是失误。其后黑 3 打吃，以下至黑 9 时，白 10 点是手筋，结果黑棋被杀。

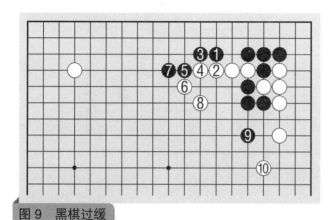

图 9　黑棋过缓

图 9　黑棋过缓

黑 1 单跳，白 2 压时，黑 3 长是缓着。白 4 长，以下至白 8，白棋走强，黑棋不好。

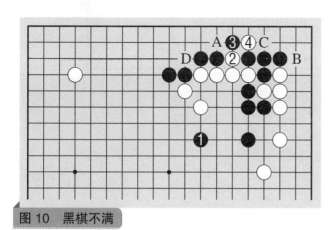

图 10　黑棋不满

图 10　黑棋不满

续图 9，其后黑 1 只好逃跑，白 2、4 断正确。以后黑如果 A 位连接，白 B 扳是先手；而黑如果 C 位打吃，白 A 打吃之后，D 位又是黑棋的弱点，结果黑棋不满。

第22型 阻止跳出

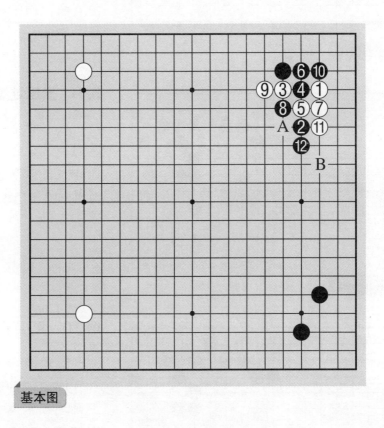

基本图

白1挂,以下至白11均是大家熟悉的次序。其后黑棋如在A位连接,白棋则在B位跳,这是平常的进行。而黑12长,目的是阻止白棋在边上跳出,以后的变化如何?我们现在进行分析。

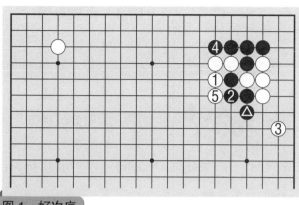

图1 好次序

图1 好次序

黑▲如果长，白1打吃让黑棋下成愚形，黑2被迫连接时，白3飞是好次序，其后黑4长、白5压都属必然。

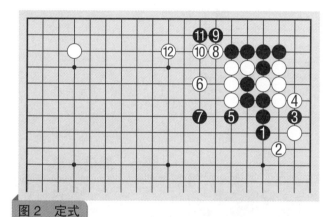

图2 定式

图2 定式

续图1，其后黑1长是棋形的急所，白2尖出时，黑3则是机敏的先手利用，白4渡过，黑5以下至白12是基本定式。

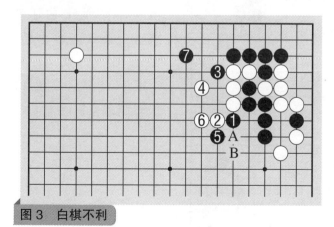

图3 白棋不利

图3 白棋不利

黑1扳时，白2反扳不好，黑3先手与白4交换之后，黑5连扳是手筋，白6只好退，至黑7飞，黑棋有利。以后白棋如果在A位打吃，黑棋可在B位反打。

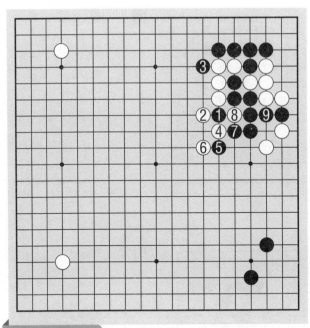

图4 白棋难受

图4 白棋难受

黑1扳，白2、黑3时，白4如果打吃，黑5夹造劫是好次序。其后至白8，双方已下成打劫的棋形，而黑9连接是绝对的劫材，白棋难受。

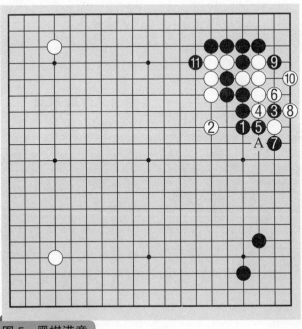

图5 黑棋满意

图5 黑棋满意

在定式的进行中，黑1长时，白棋不在A位尖，而是于白2单跳，则黑3跨是手筋。白4、6被迫求活，黑9先手利用后，黑11扳，结果黑棋满意。

图 6 征子关系

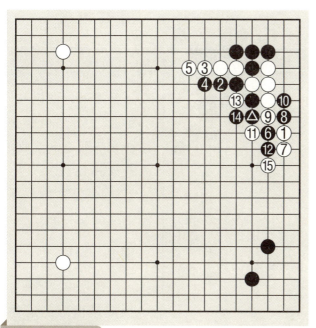

图 6 征子关系

现在我们重新回到基本图。黑▲长时,白1飞次序错误,黑2、4先手利用后,黑6顶是征子有利时可以考虑的下法。这里所说的征子关系是指白7长,黑8扳,以下至黑14时,白15的征子能否成立。

图 7 黑棋有利

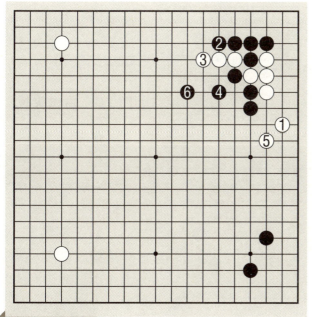

图 7 黑棋有利

由于黑棋征子不利,故白1时,黑2先手与白3交换后再黑4尖是好次序。其后白5尖出头,黑6单跳,结果黑棋有利。

图8 变化

在图1的定式进行中，白1打吃，黑2连接时，白棋不向边上飞而是白3长，也是一种变化。其后黑4拐头，以下至白11均是必然的次序。后续变化见图9。

图9 均势

续图8，黑1、3扳接是很好的次序，其后白4、6打吃黑棋一子，而黑7扳限制白棋五子的行动，结果双方均无不满。以后白棋有A位单跳的余味。

图10 白棋失算

在图8的定式进行中，白棋不在A位挡，而是于本图白1扳不好。黑2扳后，以下至黑8，黑棋连续压白棋，黑棋在中腹形成强大的外势，结果白棋失算。

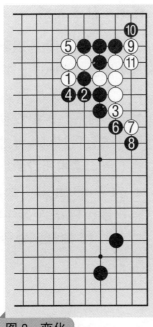

图8 变化

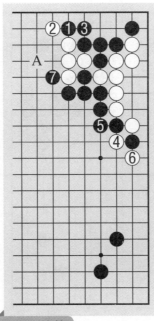

图9 均势

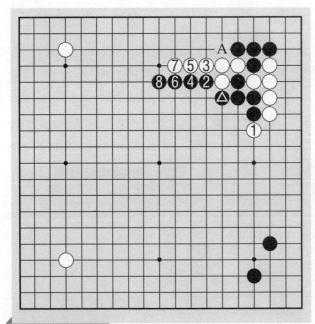

图10 白棋失算

第23型　直指中腹 ▶▶

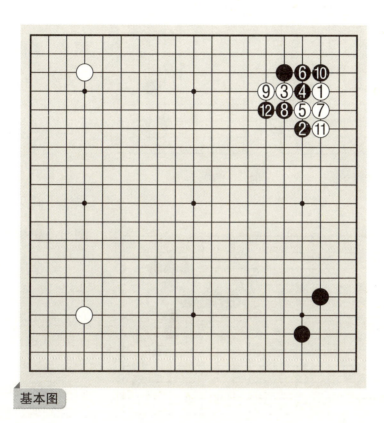

基本图

　　进行至白11时，黑12压，意图是在中腹构筑外势。以后的情况如何？我们现在进行分析。

图1 征子关系

黑▲压时，白1只好长，其后黑2长整形同样是绝对的下法。黑4顶是在征子有利时可以考虑的下法。

图2 黑棋不满

续图1，白棋由于征子有利，白1长，黑2后，黑4扳，白5以下至白11，白棋征子成立，黑棋不满。

图3 黑棋有利

黑▲顶时，白棋未采用图2中的下法，而是像本图中白1扳则过分。黑2、4先手利用后，黑6断是手筋，白7不得不退，黑8长，结果是黑棋有利。

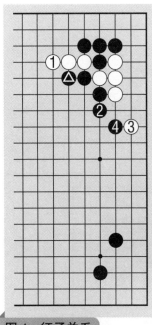

图1 征子关系

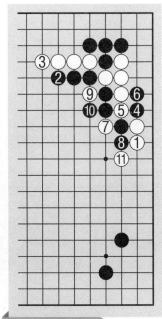

图2 黑棋不满

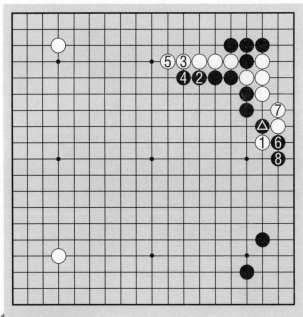

图3 黑棋有利

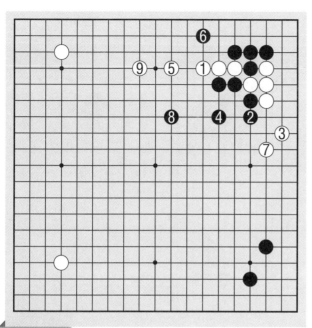

图 4 均势

图 4 均势

白 1、黑 2 时，白 3 飞，黑棋由于征子不利，于是黑 4 单跳整形为本手。其后白 5 单跳，黑 6 以下至白 9 是基本定式，白棋处理两侧时，黑棋也在中腹构筑外势，双方均无不满。

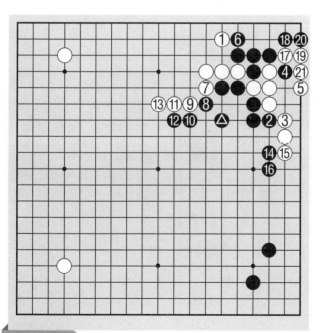

图 5 定式

图 5 定式

黑△整形时，白棋未采用图 4 的下法，而是白 1 跳下攻击也可考虑。白 1 时，黑 2、4 先手利用后，黑 6 挡是正确的次序，白 7 以下至白 21 是基本定式。这一进行仍是双方均无不满。

图6 疑问手

黑1长时,白棋并未飞出头,而选择白2长是疑问手。黑3、5先手压,然后黑7、9是追攻白棋失误的好棋,A位是白棋致命的缺陷。

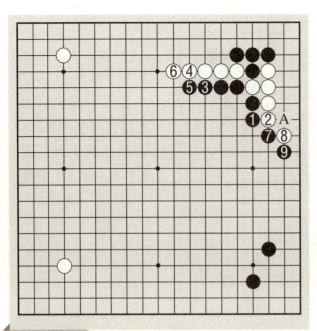

图6 疑问手

图7 黑棋满意

续图6,其后白1虎求活,黑2连接,白3扳,然后白5下立做活,黑6以下至黑12,由于可以构筑成强大的外势,黑棋满意。

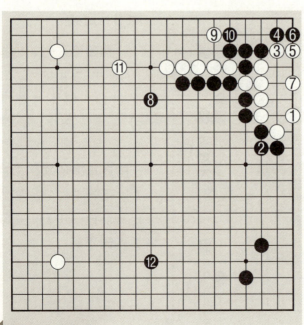

图7 黑棋满意

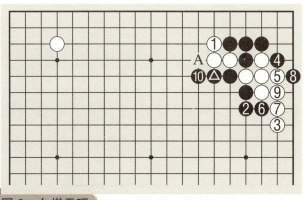

图8 白棋无理

图8 白棋无理

黑▲压时,白棋不在A位长,而是白1挡,则白棋无理。白1时,黑2长是冷静的好棋,白3飞,黑4以下至黑10,黑棋得以整形。

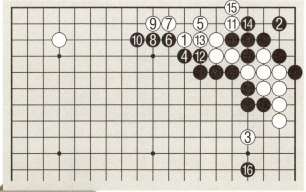

图9 白棋难受

图9 白棋难受

续图8,其后白1单跳,黑2补,黑棋活净后,白3必须向外逃跑是白棋的苦恼之处。其后黑4尖顶以下至黑16,黑棋攻击白棋,白棋难受。

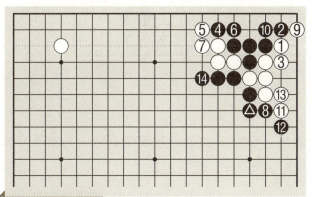

图10 黑棋满意

图10 黑棋满意

黑▲时,白1、3扳接的下法也可以考虑。但黑4、6扳接,以下至黑14,结果黑棋有利。

第24型　回避激战

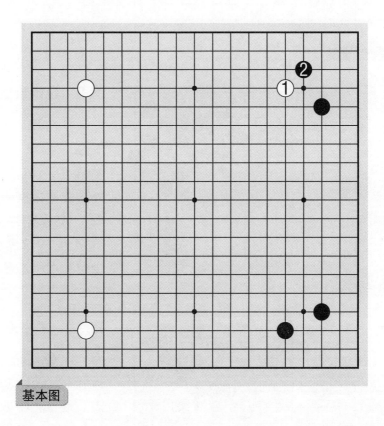

基本图

　　白1挂，目的是回避激战。但白1的缺点是黑2补后，白棋将角地让给了黑棋。现在我们对黑2以后的变化进行分析。

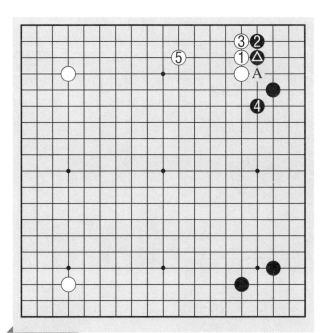

图1 定式

图1 定式

黑▲补棋时，白1只有挡，其后黑2下立，黑2这手棋也可下在A位。至白5是基本定式，双方均无不满。

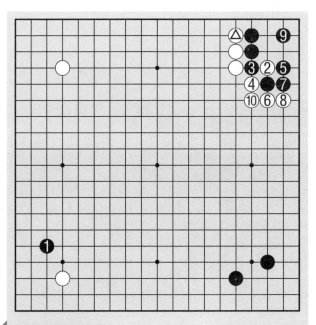

图2 黑棋脱先

图2 黑棋脱先

白▲挡时，黑棋脱先，转至左下角黑1挂，则黑棋不好。白2搭是攻击黑棋弱点的手筋，黑3时，白4以下至白10，白棋从外侧封锁，结果白棋有利。

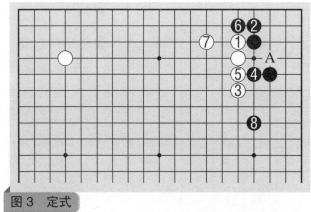

图3 定式

白1挡，黑2下立时，白3单跳的下法可以成立。其后黑4是预先防备白A跨的手段，白5连接，以下至黑8是基本定式。

图3 定式

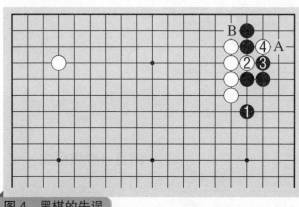

图4 黑棋的失误

图3中的黑6如果下成本图中的黑1则不好，白2、4断问黑棋的应手则很妙，以后黑A时，白B是很舒服的先手利用。

图4 黑棋的失误

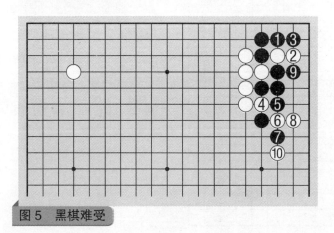

图5 黑棋难受

续图4，黑1打吃，然后黑3挡，白4、6冲断则是绝好的次序。黑7打吃时，白8下立，黑9只好补一手棋，而白10是手筋，结果黑棋难受。

图5 黑棋难受

图6 黑棋不满

白△时，黑1飞仍然不好。白2跨是手筋，黑3断，以下至白8均是必然的进行，后续变化见图7。

图7 余味

续图6，黑1如果拐，白2尖可以成立。黑3如果打吃，白4、6进入黑棋角地，结果白棋有利。

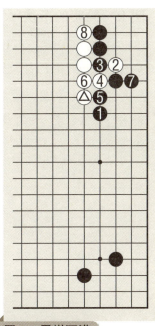
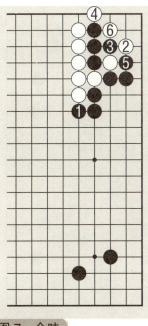

图6 黑棋不满　　图7 余味

图8 白棋厚势

白△连接时，黑1如果打吃，白2先手利用很舒服，黑3连接，白4跳封是好棋。其后黑5长，白6又是强手，以下至黑11，白棋争得先手后于白12抢占大场，结果白棋厚势。

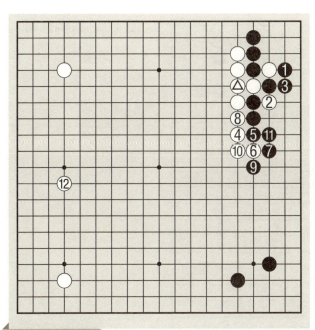

图8 白棋厚势

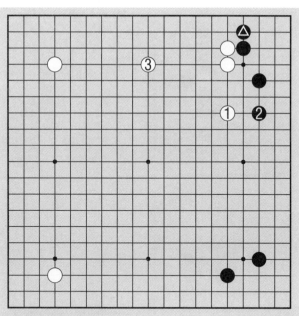

图9 简明的下法

图9　简明的下法

黑△下立时，白棋如果寻求简明变化，白1大跳可以考虑。黑2补棋，白3拆，白棋可下。

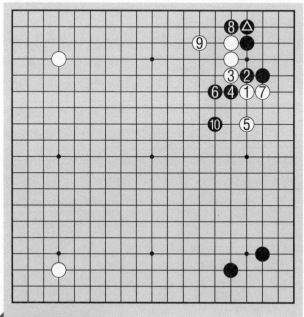

图10 黑棋有利

图10　黑棋有利

黑△下立时，白1飞压多少有点无理。黑2、4冲断，白5单跳，以下至黑10，黑棋作战有利。

第25型 厚实的一手

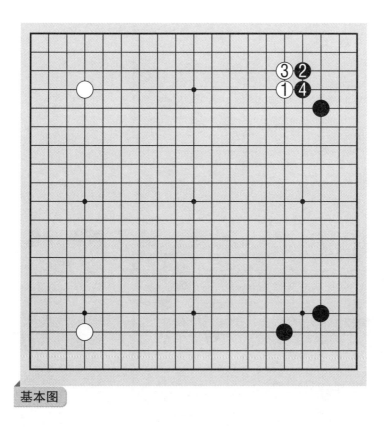

基本图

白1挂,黑2、白3时,黑4联络,坚实地占据角地。黑4联络之后,白棋如何整形?我们现在对此进行分析。

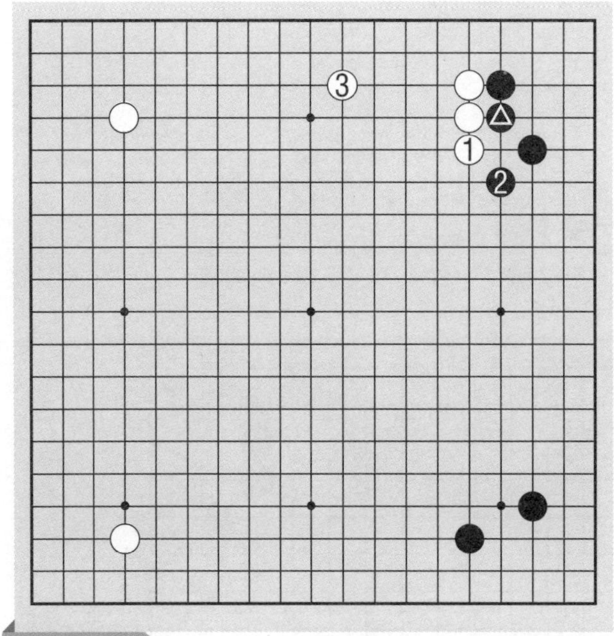

图1 定式

黑△时，白1长是防黑扳头的急所，其后黑2补强，白3展开，是基本定式。

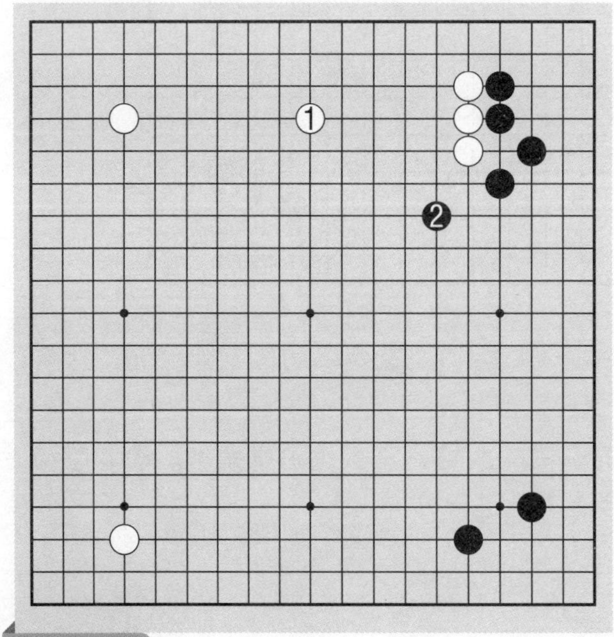

图1 定式

图2 变化

黑棋尖出时，白棋从棋子的效率考虑，于白1展开虽可以考虑，但黑2飞是绝好点，白棋不舒服。

图2 变化

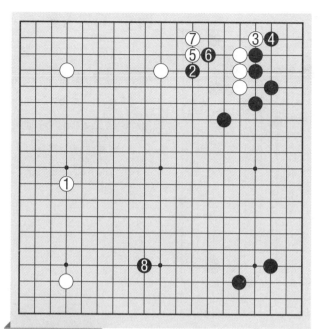

图3 黑棋优势

续图2,其后白1抢占左边大场,黑2打入则极其严厉。白3与黑4交换之后,白5托、白7下立谋求联络,是白棋屈服的结果。以下至黑8,结果黑棋优势。

图3 黑棋优势

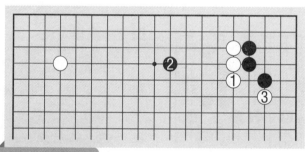

图4 黑棋过分

白1长时,黑2夹攻过分,白3靠则是手筋。

图4 黑棋过分

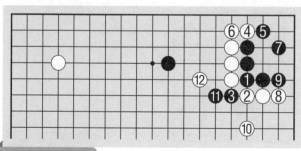

图5 白棋有利

续图4,其后黑1、3断与白棋展开厮杀,但白4、6扳接之后,以下至白12,白棋作战有利。

图5 白棋有利

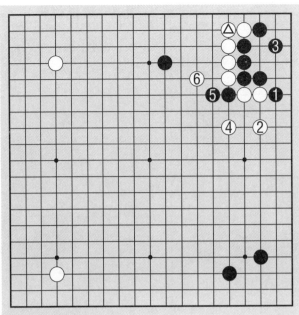

图6 白棋满意

白△连接时，黑1扳，白2单跳是冷静的好棋，结果黑3必须补棋，白4、6则整形，结果白棋满意。

图6 白棋满意

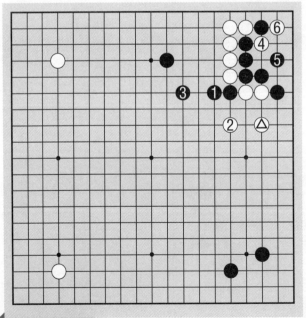

图7 黑棋难受

白△时，黑1长不行。黑1时，白2单跳，黑3时，白4断是手筋，其后黑5虎，白6打吃黑棋一子，结果黑棋难受。

图7 黑棋难受

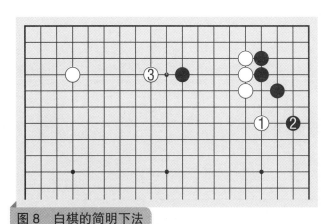

图 8 白棋的简明下法

图 8 白棋的简明下法

黑棋夹攻时,白棋如果追求简明,白 1 飞可以成立。其后黑 2 补,白 3 夹,是简明的进行。

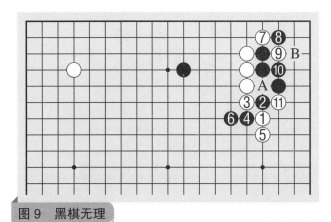

图 9 黑棋无理

图 9 黑棋无理

白 1 飞时,黑 2、4 断无理。白 5 长,黑 6 补棋,白 7 扳,黑 8 挡时,白 9 断是手筋。黑 10 如果打吃,白 11 打吃即可,以后黑棋在 A 位连接,白 B 下立可以成立。

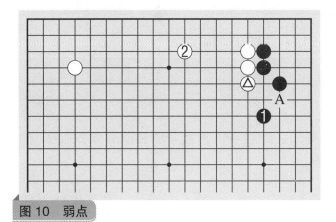

图 10 弱点

图 10 弱点

白△时,黑 1 飞同样不好。白 2 展开以后,白棋由于可以瞄着 A 位的弱点,黑棋不充分。

第 26 型　战斗性倾向

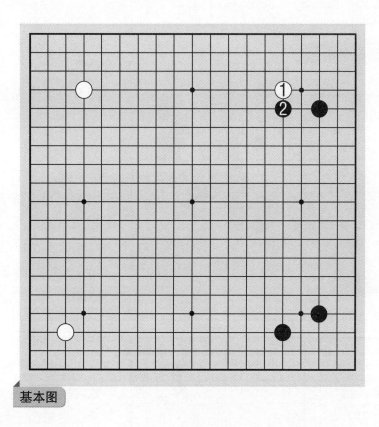

基本图

　　白 1 挂时，黑 2 压具有很强的战斗性倾向。那么以后双方的变化如何？现在我们对此进行分析。

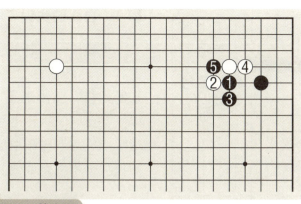

图1 基本型

黑1压时，白2只好扳，其后黑3长、白4长均是平常的进行，但黑5断是拒绝妥协的下法，后续变化见图2。

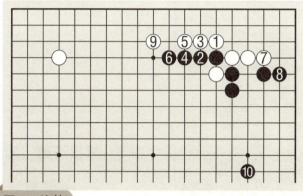

图2 均势

续图1，其后白1打吃，然后白3、5连续在三线围空，白7先手与黑8交换之后，至白9跳完成对角地的占领，黑10拆，双方均势。

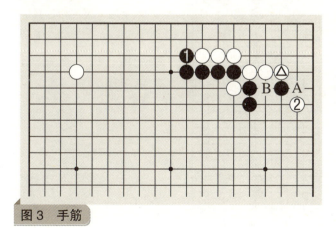

图3 手筋

白△时，黑棋如不直接应，而是黑1挡，白2则是出头的手筋，以后黑A下立，白B冲即可。

图4 白棋的失误

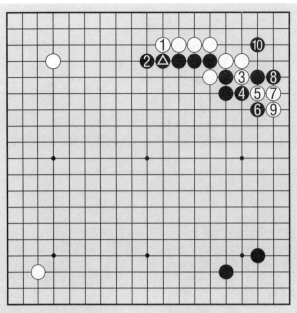

图4 白棋的失误

黑△长时，白1也继续长，然后白3、5切断黑棋，但由于黑4以下至黑10的反击手段可以成立，结果白棋的作战很难取得成效。

图5 黑棋满意

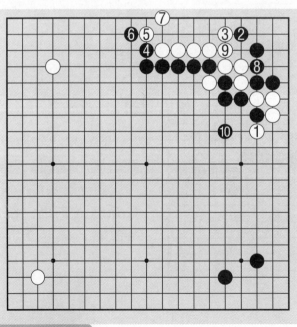

图5 黑棋满意

续图4，接着白1如果打吃，黑2尖则是棋形的急所，其后白3补棋，黑4、6先手利用，以下至黑10，结果黑棋满意。

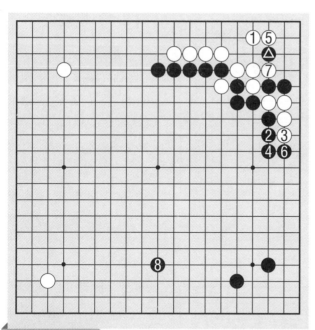

图 6 黑棋有利

图 6 黑棋有利

黑▲单跳时，白棋如对图 5 的进行不满，有白 1 补的变化。但黑 2 长，以下至黑 6，黑棋封住右上后，于黑 8 在下边展开，结果仍是黑棋有利。

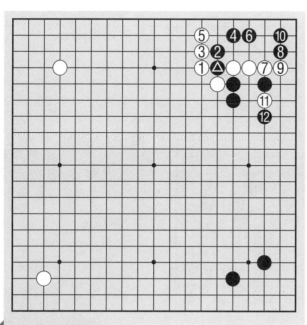

图 7 白棋难受

图 7 白棋难受

黑▲断时，白 1 打吃，后再白 3 下立，虽是攻击性下法，但实际上却无理。黑 4 是棋形的急所，白 5 时，黑 6 是连贯的好棋，白 7 以下至黑 12 是预想的次序，结果白棋难受。

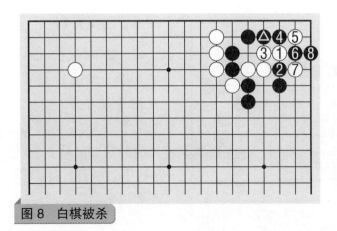

图8 白棋被杀

图8 白棋被杀

黑▲时，白1如果补棋，黑2则是棋形的急所。其后白3连接，黑4爬，白5扳，黑6断是对杀的手筋。白7打吃，黑8下立后，白棋无论如何变化，都难免被杀的命运。

图9 简明的下法

图9 简明的下法

白△时，黑棋如欲下得简明，黑1挡的下法可以成立。白2如果展开，黑3下立，双方均很充分。

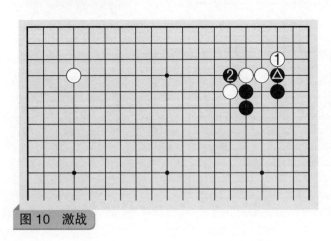

图10 激战

图10 激战

黑▲挡时，白1扳，黑2断，双方将展开激战。

第 27 型　三三位挂 ▶▶

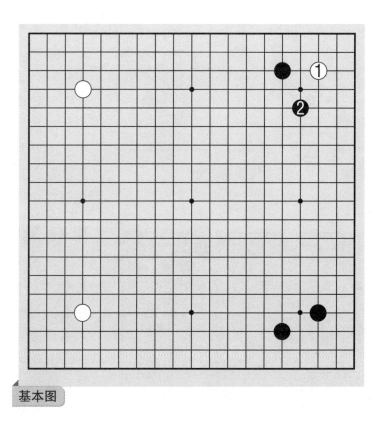

基本图

　　黑棋下目外时，白 1 在三三位挂，意在尽快安定自己。白 1 挂时，黑 2 飞封是普遍的下法。以后的进行如何？现在对此进行分析。

精讲围棋定式（目外高目三三定式）

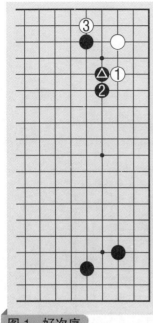

图1 好次序

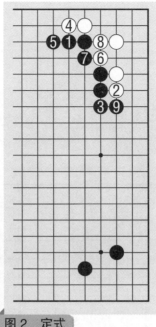

图2 定式

图1 好次序

黑△飞封，白1托问黑棋的应手，黑2长，这是最为可能的进行，之后白3再托是好次序。

图2 定式

续图1，黑1如果长，白2先手爬后再白4爬是正确的次序，黑5长以下至白8是基本定式，之后黑9拐，双方下成外势与实地的对抗。

图3 变化

白△托时，黑1扳的下法也有可能。白2断是手筋，黑3则是稳健的好棋，白4以下至白16是基本定式，这一转换仍是双方充分。

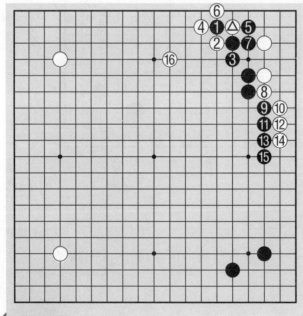

图3 变化

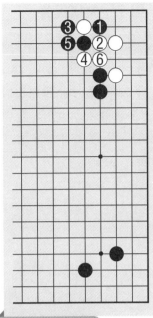

图4 白棋满意

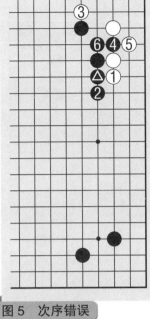

图5 次序错误

图4 白棋满意

黑1扳是方向错误,白2断,黑3只好打吃,以下至白6,黑棋上下被一分为二,结果白棋满意。

图5 次序错误

在定式的进行中,黑▲长时,白1继续爬是次序错误。白1时,黑2长,白3托,黑棋则有黑4的反击手段。

图6 黑棋厚势

续图5,其后白1如果联络,黑2挡很厚。白3扳时,黑4断是机敏的利用,白5打吃、白7提了后,黑8抢占下边大场,结果黑棋厚势。

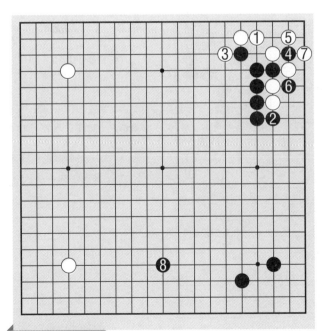

图6 黑棋厚势

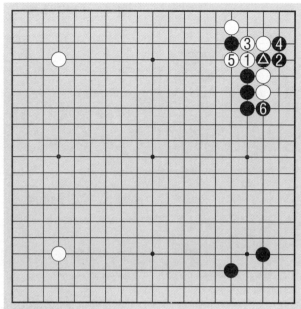

图7 黑棋优势

图7 黑棋优势

黑▲挖时，白1如果从上面打吃，黑2下立很充分。其后白3如果联络，以下至黑6，黑棋吃住白棋二子，黑棋优势。

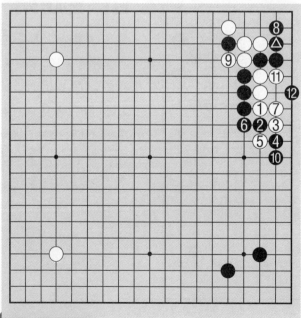

图8 白棋被杀

图8 白棋被杀

黑▲拐时，白1如果出动二子，黑2扳，白3时，黑4连扳是手筋。其后白5打吃，然后白7连接，黑8下立是对杀的手筋，以下至黑12，结果白棋被杀。

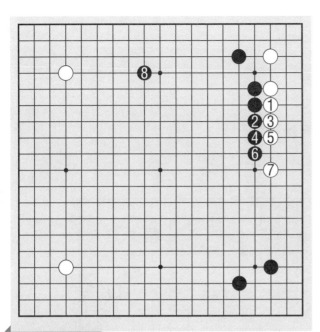

图9 黑棋厚势

图9 黑棋厚势

白1长，黑2压时，白3继续长，至白7白棋占取实地，但黑8在上边展开，结果仍是黑棋厚势。

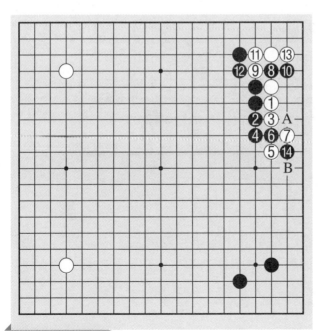

图10 白棋难受

图10 白棋难受

白1长，以下至黑4的进行时，白5立即跳出是失误。此时黑6先手与白7交换之后，黑8挖是追究白棋失误的绝妙次序，其后白9打吃，黑10下立，以下至黑14，白棋由于有A位的弱点，不能在B位打吃，白棋非常难受。

第28型　征子关系

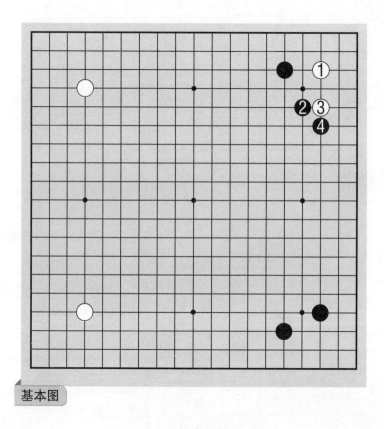

基本图

白1挂，黑2、白3时，黑4扳的下法可以成立。黑4扳时，白棋因征子关系不同其应手也不同。那么其中有哪些变化？现在我们对此进行分析。

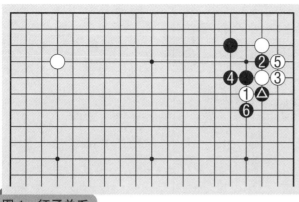

图1 征子关系

图1 征子关系

黑△扳时,白棋从气势上考虑可以于白1断。黑2打吃,白3下立时,黑4长是征子有利时的下法,但本图黑6的征子不能成立。

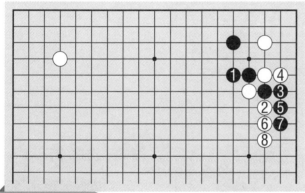

图2 黑棋难受

图2 黑棋难受

黑棋如果征子有利,黑1长可以考虑,但由于目前征子不能成立,因此白2打吃,以下至白8,白棋攻击黑棋,结果黑棋难受。

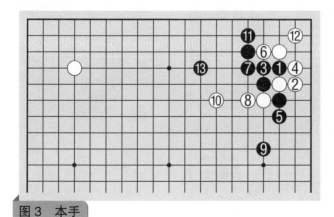

图3 本手

图3 本手

黑棋由于征子不利,因而黑1打吃,然后黑3连接是本手。其后白4连回,黑5以下至黑13是基本定式。

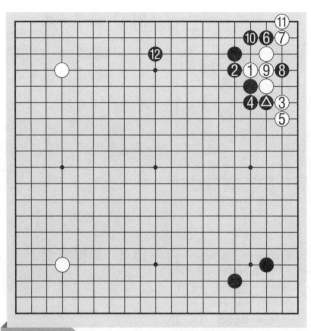

图4 定式

图4 定式

黑△时，白1虎后白3扳的下法可以成立。黑4连接时，白5长是好次序，其后黑6托是手筋，白7扳时，黑8又是机敏的试应手，白9以下至黑12是基本定式。

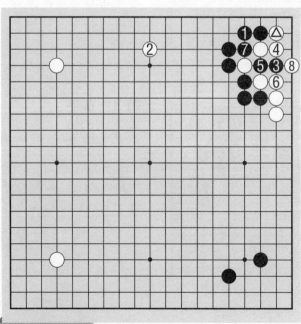

图5 次序错误

图5 次序错误

白△时，黑棋不点而于黑1连回不好。白2是双方必争的急所，其后黑3再点，但白4可以连接进行抵抗，黑5断时，白6、8处理得当，结果黑棋不利。

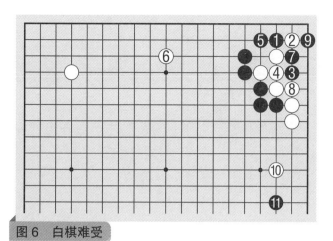

图 6　白棋难受

图 6　白棋难受

黑 1 托，以下至黑 5 时，白棋不去补角，而于白 6 展开，是白棋无理。黑 7 断，白 8 只好连接，至黑 9，白棋角上一子被杀。白棋难受。白 10、黑 11 争夺右边。

图 7　黑棋的变化

白 1 虎时，黑棋有黑 2 打吃的变化，而此时白 3 连接是白棋无理。黑 4 连接时，白 5 冲出看似很充分，其实不然。后续变化见图 8。

图 7　黑棋的变化

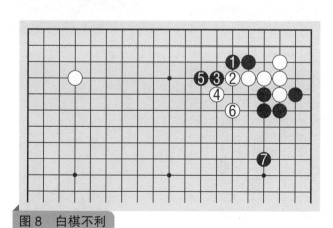

图 8　白棋不利

图 8　白棋不利

续图 7，其后黑 1 直接出动可以成立。白 2 压时，黑 3 扳，然后黑 5 整形，白 6 虎虽同样是整形，但黑 7 拆后，白棋不利。

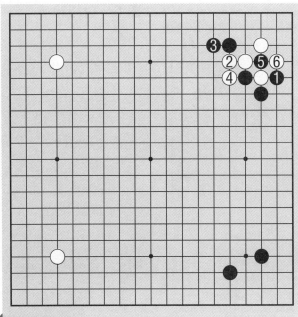

图9 好次序

黑1时，白2先手与黑3交换之后，白4再拐是好次序。黑5提子时，白6可强硬地打吃。

图9 好次序

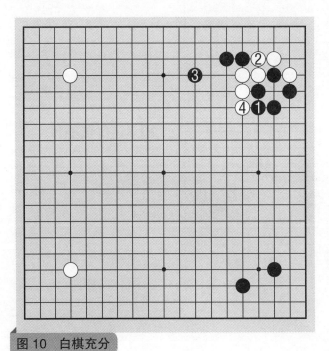

图10 白棋充分

续图9，其后黑1圆，白2同样连接是冷静的好棋，黑3补棋时，白4长，结果白棋充分。

图10 白棋充分

第2章

高目定式

第1型 高目托退 ▸▸

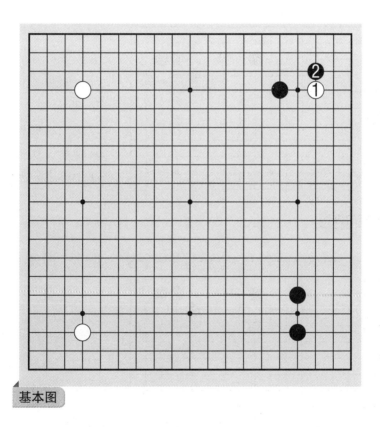

基本图

白1挂高目是最常用的下法，其后黑2托又是最平常且温和的应法。那么黑2以后的变化如何？现在进行分析。

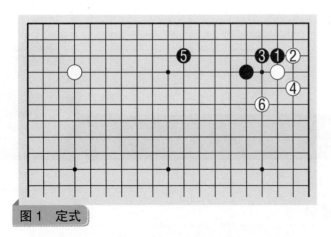

图1 定式

图1 定式

黑1托时，白2只有扳一手棋，其后黑3退、白4虎又是绝对的下法，以下至黑5展开、白6整形是基本定式。

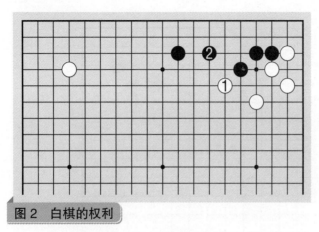

图2 白棋的权利

图2 白棋的权利

续图1，此时黑棋如果脱先，白棋可以先手于白1飞。不过这手棋同样有使黑棋走强的味道，因而不能随便使用。

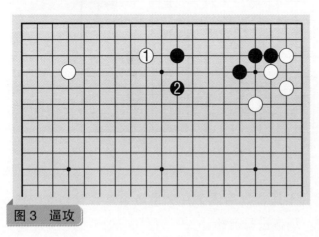

图3 逼攻

图3 逼攻

本图中的白1逼攻可以成立。白1后由于白棋有机会打入黑阵，因而黑2单跳补棋，以防止白棋的打入。

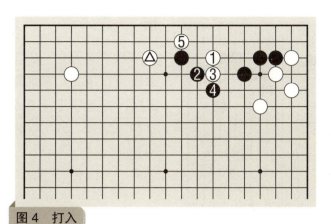

图4 打入

白△逼时，黑棋如果脱先，白1的打入则可以成立。黑2尖，白3先手与黑4交换后，白5托渡过，黑棋吃不住白棋。

图4 打入

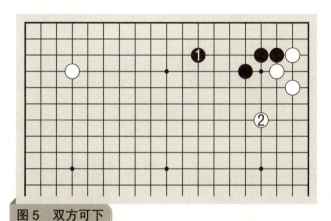

图5 双方可下

黑棋如不愿忍受图4中被白棋下出有先手意味的逼，于本图中黑1大飞可以成立。其后白2整形，双方均充分可下。

图5 双方可下

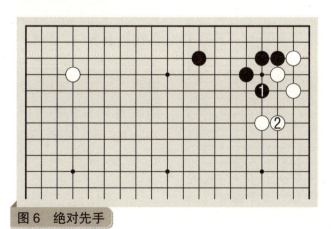

图6 绝对先手

黑1尖是绝对先手，而白2下立自补弱点也是最佳的位置。

图6 绝对先手

图7 定式

黑1展开时，白2靠压可以成立。其后黑3扳，白4以下至白8是基本定式，双方各占一边。

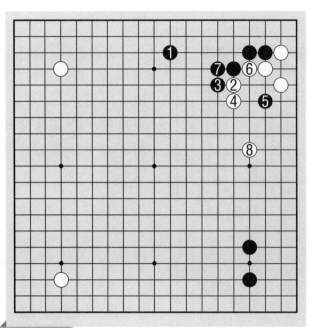

图7 定式

图8 特殊型

黑▲时，白棋不虎，而是白1飞，是特殊情况下的下法。黑2扳是必然的、具有气势的一手，至白3展开告一段落，不过黑棋以后有A位夹的手段。白1的下法只有在右边价值很大时方可考虑。

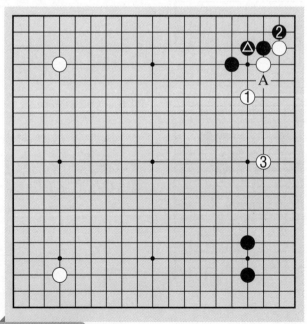

图8 特殊型

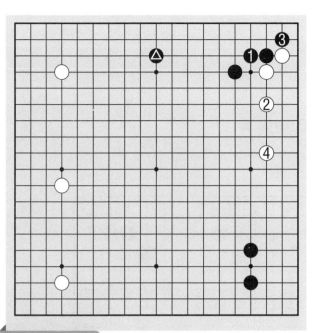

图9 特殊情况

图9 特殊情况

若黑棋有黑△一子，黑1退时，白2拆一机敏。其后黑3扳，白4展开，白棋充分。

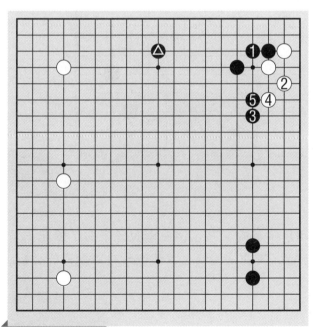

图10 黑棋顺调

图10 黑棋顺调

黑1时，白2平常地虎，而黑3封则是好棋，白4是正确的应手，下至黑5，右边黑棋已和上边的黑△取得呼应，黑棋顺调。

第2型 定式未完而脱先 ▶

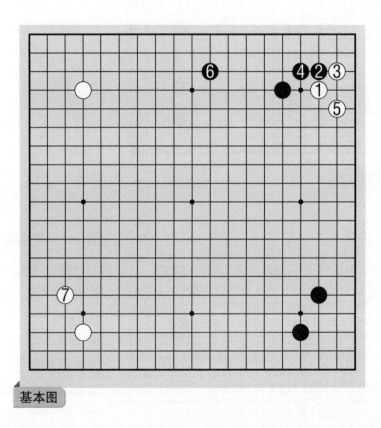

基本图

白1挂,以下至黑6均是平常的次序,但白棋脱先于白7缔左下角。黑棋欲通过攻击白棋捞取便宜,其方法是什么?我们现在对此进行分析。

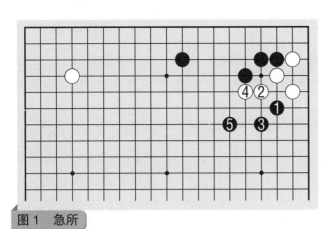

图1 急所

图1 急所

黑1逼攻是急所，其后白2尖出头，黑3也尖，让白4长，然后黑5单跳。其后续变化见图2。

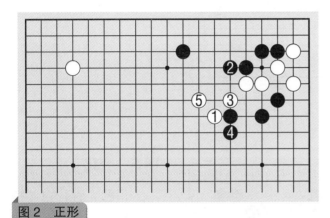

图2 正形

图2 正形

续图1，其后白1靠是整形的手筋，黑2冷静地应后，白3扳，黑4长，至白5虎是正形。

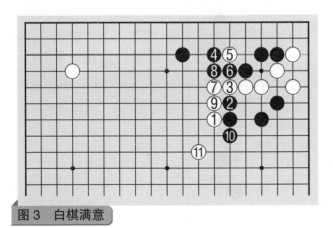

图3 白棋满意

图3 白棋满意

白1时，黑2冲是失误。白3冲时，黑4只好补棋，此时白5跨极其严厉，以下至白11，结果白棋满意。

图4 黑棋满意

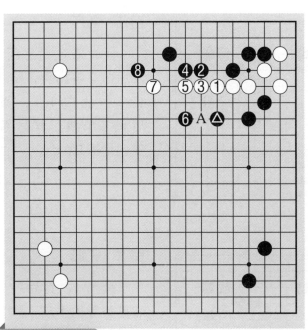

图4 黑棋满意

黑❶单跳时，白棋不在A位靠，而是单纯地白1长不好。黑2补棋，白3、5、7向中腹逃跑，下至黑8，黑棋上边大为巩固，黑棋满意。

图5 变化

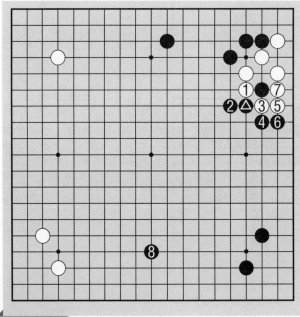

图5 变化

黑❶尖时，白1挤的下法可以成立。黑2如果挺头，白3断是要领，以下至白7，白棋吃住黑棋一子，虽可安定，但黑8抢占下边大场，白棋无奈。

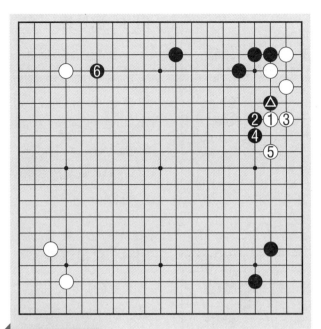

图6 黑棋充分

图6 黑棋充分

黑▲时，白1靠，黑2扳，白3下立是要领，黑4长时，白5单跳，白棋可以出头。但黑棋确保厚势后，黑6在左上角挂，结果黑棋充分。

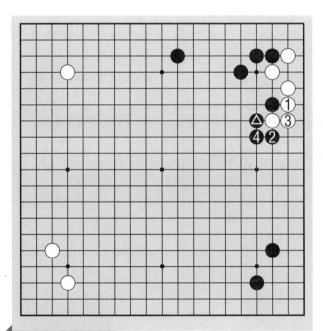

图7 白棋争先手

图7 白棋争先手

黑▲时，白1渡过的下法可以成立。白1的下法是为了抢先在此告一段落。黑4之后，黑棋虽比图6更厚，但白棋争得了宝贵的先手。

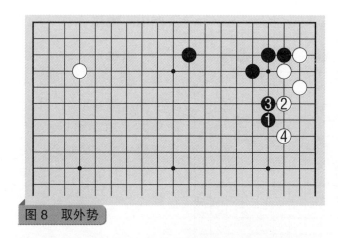

图8 取外势

图8 取外势

黑棋如果重视外势，黑1大飞就很好。白2是具有弹性的应法，黑3挡，至白4单拆是基本型。白4也可根据情况脱先抢占大场。

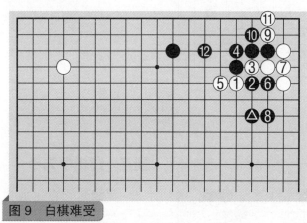

图9 白棋难受

图9 白棋难受

黑▲封时，白1靠谋求向中腹出头是白棋无理。黑2扳、白3断时，黑4必须连接，白棋只有于白5长，黑6以下至黑12，中间的白棋二子已成为浮棋，结果白棋难受。

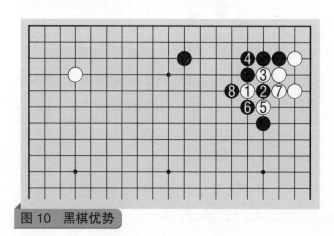

图10 黑棋优势

图10 黑棋优势

白1以下至黑4时，白5如果打吃，黑6反打是封锁的手筋，白7提子，黑8打吃封住中腹，结果黑棋优势。

第 3 型　高目脱先定式 ▶▶

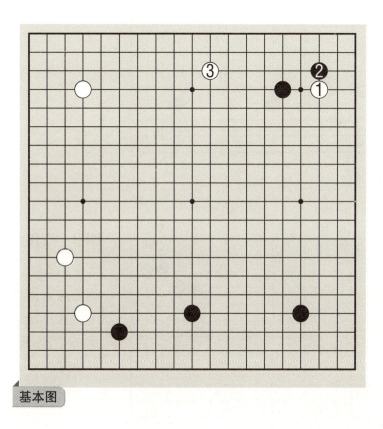

基本图

　　白 1 挂，黑 2 托时，白棋脱先于 3 位展开，这种下法在上边价值很大时完全可行。现在我们对白 3 以后黑棋的下法进行分析。

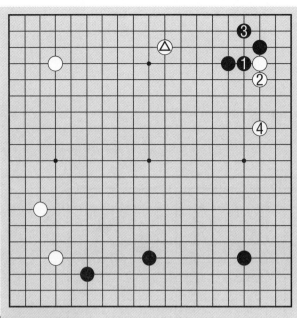

图1 基本型

图1 基本型

白△展开时，黑1顶是追攻脱先白棋的最常用手法，其后白2长、黑3虎、白4拆二是基本型。

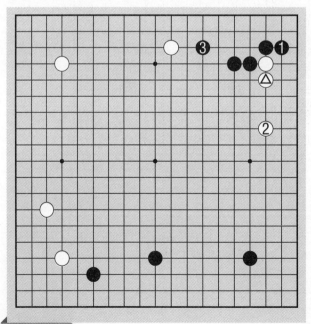

图2 变化

图2 变化

白△时，黑1下立的手法可以成立。黑1下立捞取实地，白2拆二，至黑3补棋告一段落。

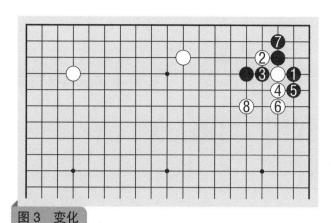

图 3　变化

黑1扳追攻脱先的白棋也可以成立，而白2反扳是疑问手。黑3、白4时，黑5是错误的应手，以下至白8，双方形成了转换。

图 3　变化

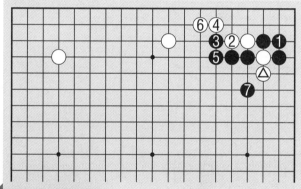

图 4　黑棋满意

白△长时，黑1连接是好棋，白2长，黑3、5先手利用后，黑7封，结果黑棋满意。

图 4　黑棋满意

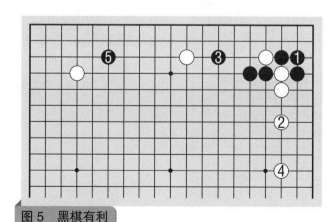

图 5　黑棋有利

黑1时，白2如果补棋，黑3飞很充分。白4拆二安定自己，黑5挂后，仍是黑棋有利。

图 5　黑棋有利

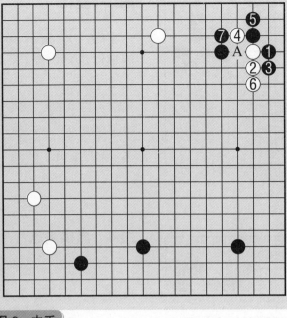

图6 本手

图6 本手

黑1扳时,白2长是本手。黑3仍必须爬,白4扳则是正确的次序,此后黑5如下在A位断又还原成图3的棋形。本图中黑5下立时,白6再长是失误,黑7挡谋求联络之后,结果仍是黑棋有利。

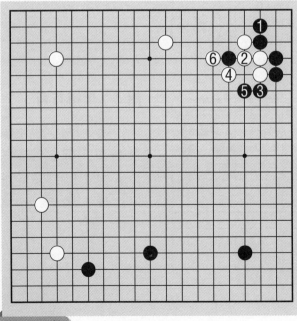

图7 均势

图7 均势

黑1立时,白2可以考虑连接,黑3扳头虽令白棋痛苦,但白4扳出后,白棋仍充分可下。其后黑5长,白6打吃,结果双方下成均势。

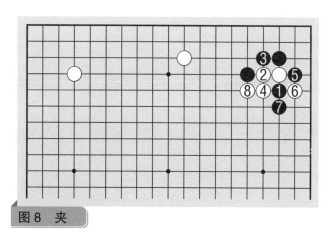

图8 夹

图8 夹

本图中黑1夹的下法也可以成立。其后白2、4时,黑3、5强挡,白6打吃后,白8拐,后续变化见图9。

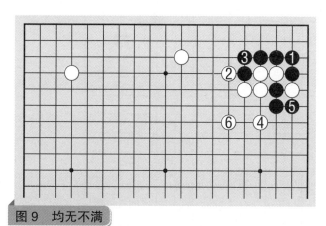

图9 均无不满

图9 均无不满

续图8,其后黑1连接,白2以下至白6是双方的最佳进行,结果双方均无不满。

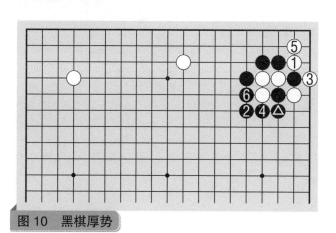

图10 黑棋厚势

图10 黑棋厚势

黑△长时,白1打吃是过于贪图实地的下法。黑2枷封,白3提子,白5长进角做活,至黑6,黑棋在中腹确立厚势,结果黑棋有利。

第4型 高目外靠 ▶▶

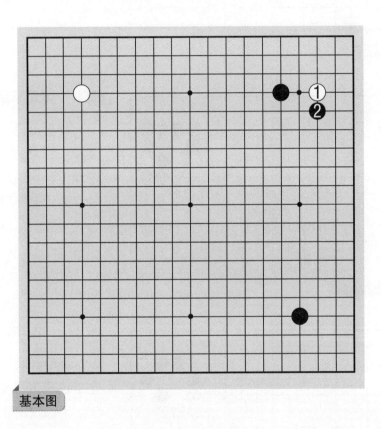

基本图

白1挂时，黑2外靠是重视边和中腹的下法。那么黑2以后的变化如何？我们现在对此进行分析。

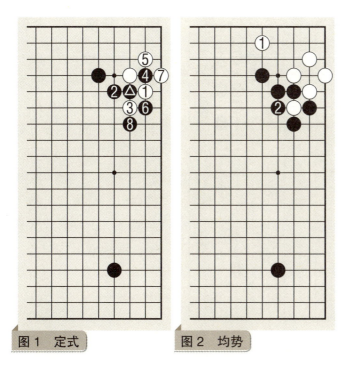

图1 定式

黑△靠时,白1只有扳一手棋,其后黑2退,白3扳均是必然的进行。黑4断后,白5以下至黑8,双方形成外势与实地的转换。

图2 均势

续图1白1扩张实地,黑2则提子,结果双方均无不满。

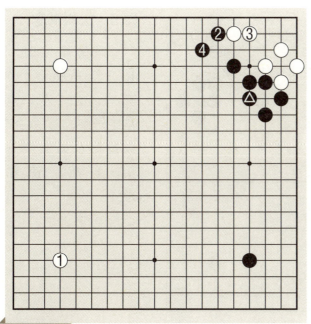

图3 强手

黑△提子时,白棋脱先抢占左下角,此时黑2挡是强手。白3冷静地补棋,黑4尖,至此暂告一段落。

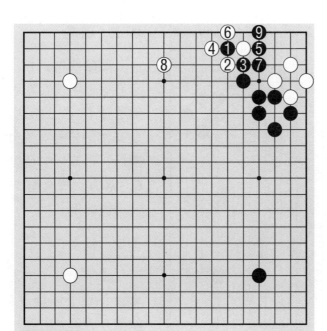

图4 转换

图4 转换

黑1挡时，白棋如对图3的进行不满，则白2扳后白4打吃黑棋一子的下法可以成立。其后黑5打吃，然后黑7连接，黑棋将白棋一分为二，以下至黑9，双方形成大转换，结果双方均势。

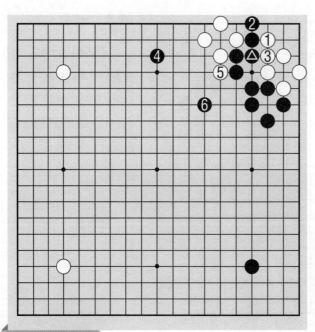

图5 黑棋满意

图5 黑棋满意

黑△连接时，白1、3活角错误。黑4夹攻，白5长，黑6是绝好点，以后白棋如果竭尽全力向中腹出头，自然会使黑棋走强。

图 6 定式

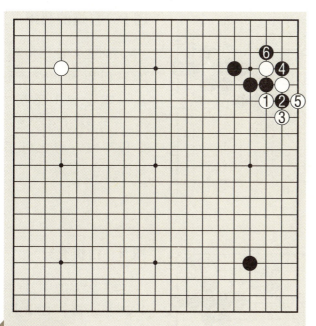

图 6 定式

在定式的进行中，白 1 扳时，黑棋如果重视角地，黑 2 断的下法可以成立。白 3 打吃以下至黑 6，黑棋达到了其最初的目的。这一进行是定式。

图 7 定式以后

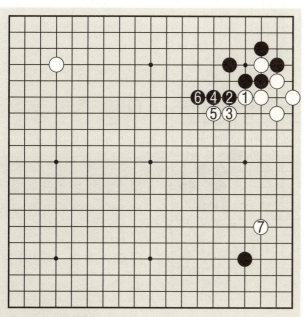

图 7 定式以后

白 1 贴是急所，黑 2 如果扳，白 3、5 后，白 7 挂扩张右边，结果双方均无不满。

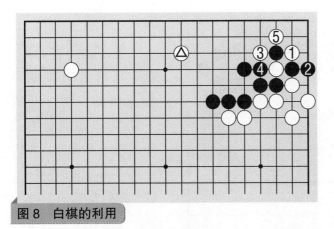

图8　白棋的利用

在图7的棋形中，如果白棋有白△子存在，本图白1打吃的下法可以成立。黑2如果下立，白3、5则可以造劫。

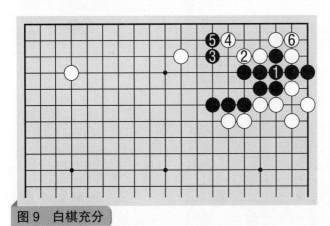

图9　白棋充分

续图8，其后黑1如果连接，白2长，白棋即可做活。黑3左右分断白棋，白4以下至白6，结果白棋充分。

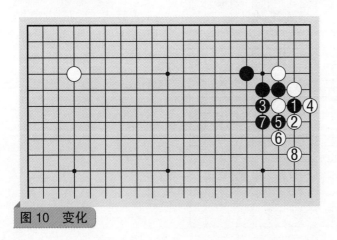

图10　变化

黑1断，白2打吃时，黑3反打可以成立。黑棋虽在实地上略损，但以下进行至白8，黑棋由于可以先手确保厚势，黑棋同样充分。

第5型　外靠以后 ▶▶

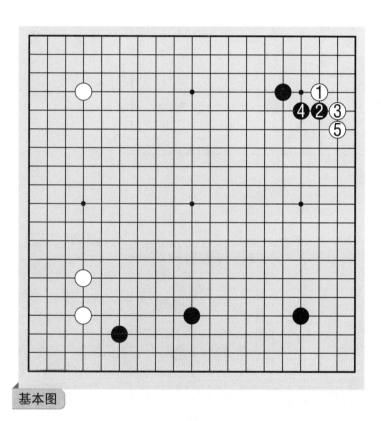

基本图

　　白1挂，以下至黑4时，白5长是重视边地的下法。以后黑棋如何攻击白棋的弱点？现在对其变化进行分析。

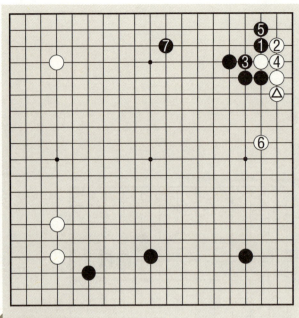

图1 定式

图1 定式

白△长时，黑1夹是攻击白棋的好棋。白2如果扳，黑3先手利用后，黑5下立是好次序。其后白6安定自己，至黑7展开是基本定式。

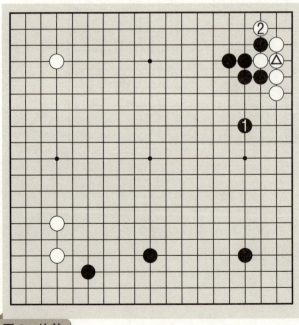

图2 均势

图2 均势

白△连接时，黑棋如对图1的进行不满，黑1大跳的下法可以成立。至白2打吃暂告一段落，结果双方均无不满。

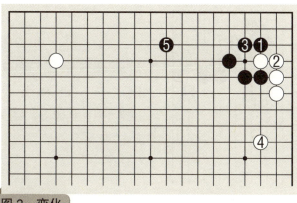

图3 变化

图3 变化

黑1夹时，白2连接的下法也可以成立。白2时，黑3退是要领，以下至黑5是基本型。

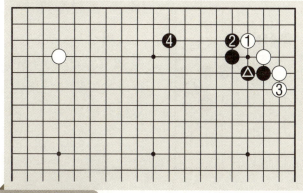

图4 白棋满意

图4 白棋满意

黑▲退时，白1尖是有所企图的下法。黑2如果挡住则正合白棋意愿，白3长后，结果白棋满意。

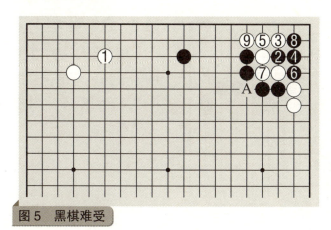

图5 黑棋难受

图5 黑棋难受

续图4，其后白1脱先补左上角，黑2嵌意图虽是攻击白棋的弱点，但不能成立。白3打吃，然后白5连接是正确的次序，以下至白9，黑棋由于有A位的弱点，结果黑棋难受。

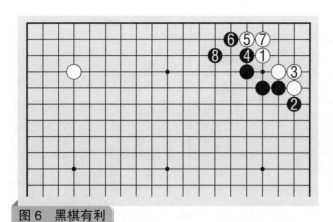

图6 黑棋有利

图6 黑棋有利

白1时，黑2扳是不被白棋左右的好棋，白3如果连接，黑4以下至黑8，结果黑棋有利。

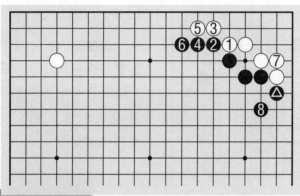

图7 黑棋厚势

图7 黑棋厚势

黑❷时，白1长，但黑2、4、6构筑成很厚的外势，结果仍是黑棋有利。

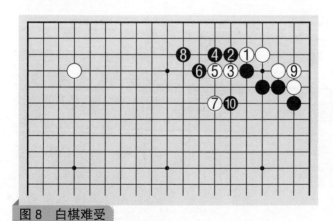

图8 白棋难受

图8 白棋难受

黑2时，白3断的下法虽可考虑，但黑4以下至黑10，白棋仍然难受。

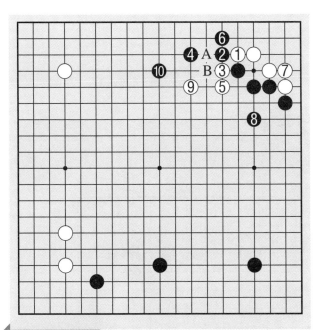

图 9　黑棋满意

图 9　黑棋满意

白1、3时,黑4轻松地单跳也可成立。其后白5长,黑6以下至黑10是预想的次序,结果仍是黑棋满意。其中白5如果在A位打吃,黑棋在B位反打可以成立。

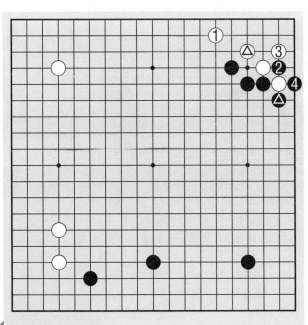

图 10　白棋无理

图 10　白棋无理

黑△挡时,白1飞的下法看似可考虑,但黑2、4提子后,仍是黑棋厚势。结论是白△无理。

第6型 高目飞封之一

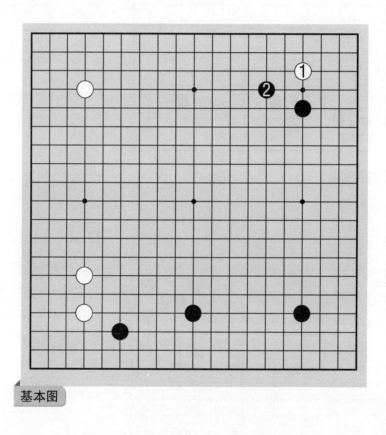

基本图

白1挂时,黑2飞封的目的是在中腹构筑外势。那么黑2以后会有哪些变化?下面我们对此进行探讨。

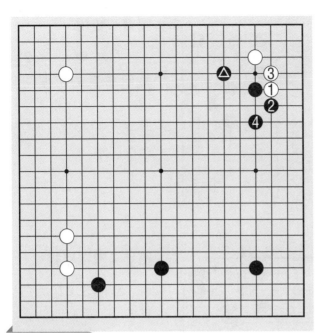

图1 基本型

图1 基本型

黑▲飞封时，白1托安定自己是最普遍的下法。其后黑2扳也是最简明的应手，白3退，至黑4虎是基本型。

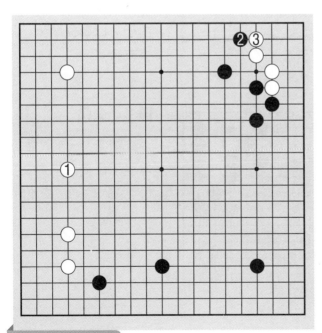

图2 平常的进行

图2 平常的进行

续图1，其后白棋从右上角脱先，抢占左边大场，黑2轻松地先手利用，然后黑棋也可脱先抢占其他大场。

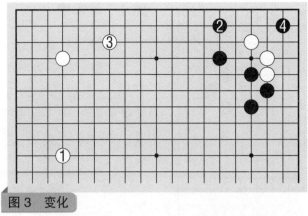

图3 变化

白1时，黑2单跳问白棋的应手可以成立。其后白棋若继续脱先，则被黑4点后，白棋困难。

图3 变化

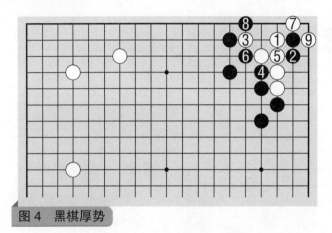

图4 黑棋厚势

续图3，其后白棋只有下于1位，黑2长，白3虎，黑4以下至白9是基本型。黑棋虽在速度上落后，但由于可以确立厚势，黑棋充分可下。

图4 黑棋厚势

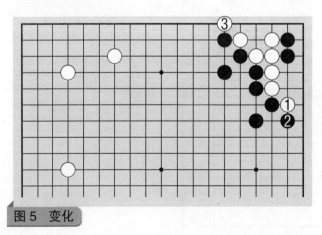

图5 变化

图4中白7如于本图1位先手与黑2交换，白3扳的变化可以考虑。

图5 变化

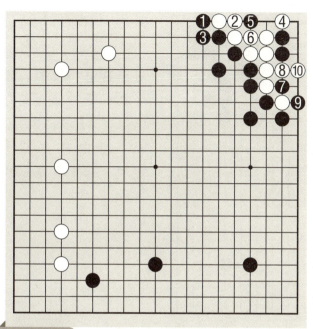

图6 均势

图6 均势

续图5，其后黑1打吃，白2连接以下至白10是基本型。结果白棋捞取了实地，但黑棋也构筑成了强大的外势，双方下成均势。

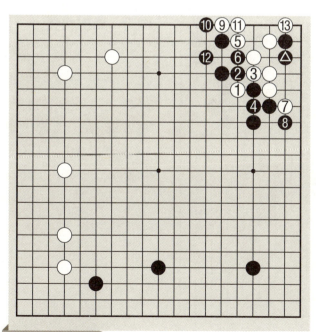

图7 白棋满意

图7 白棋满意

黑▲时，白1搭进行反击是有所企图的下法，而黑2断正是白棋所期待的。白3以下至白7，白棋先手整形，然后下至白13，白棋活净，结果白棋满意。

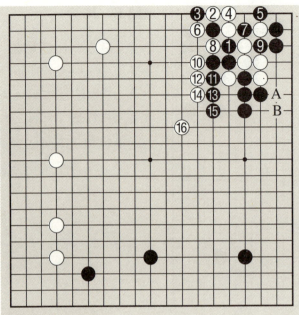

图8 白棋有利

黑1时，白A不与黑B进行交换，而是立即于白2扳可以成立。其后黑3打吃，以下至白16形成大转换，结果仍是白棋有利。

图8 白棋有利

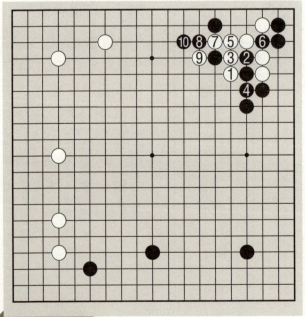

图9 黑棋优势

白1搭时，黑2顶是不被白棋迷惑的好棋。其后白3打吃，白5连接，但黑6断以下至黑10，结果黑棋优势。

图9 黑棋优势

第7型　高目飞封之二

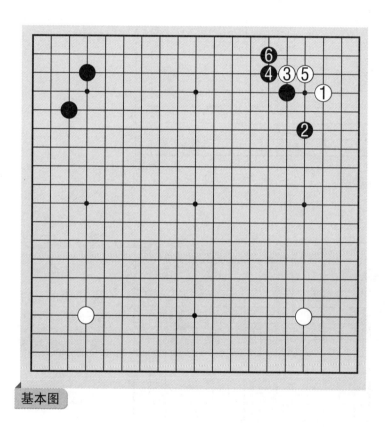

基本图

　　白1挂时，黑2飞封，以下至白5均是平常的进行，但黑6下立有力。黑6这手棋，目的在于对角地产生更大的影响。我们现在对其后续变化进行分析。

图1 黑棋满意

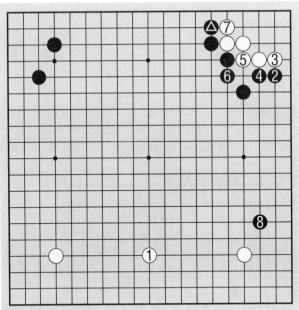

黑△下立时，白1如果脱先则不好，此时黑2飞是极其舒服的先手利用，白3挡，以下至白7，黑棋争得先手后于黑8挂，结果黑棋满意。

图2 双方充分

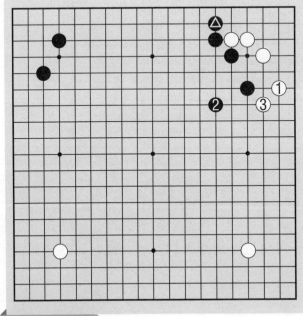

黑△时，白1飞是最简明的应手，其后黑2飞整形，白3尖，结果双方都很充分。

图3 后续手段

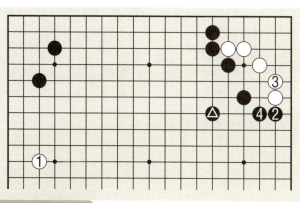

图3 后续手段

黑△飞时,白棋脱先,抢占左边大场,则黑2挡是强手,白3退时,黑4确立厚势,结果黑好。

图4 黑棋厚势

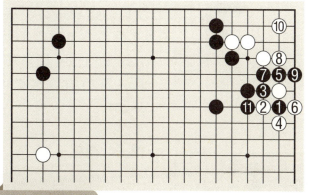

图4 黑棋厚势

黑1挡时,白2、4如果打吃黑棋一子,黑3以下至黑11确立厚势,结果黑棋充分。结论是黑1后,白棋不论怎样下,结果都不好。

图5 白棋无谋

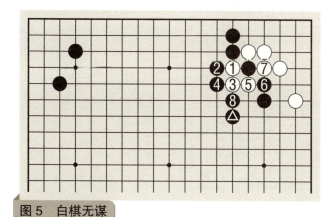

图5 白棋无谋

黑△飞时,白1断无谋。黑2打吃以下至黑8,黑棋封住白棋后,黑棋充分。

图6 挑起战事

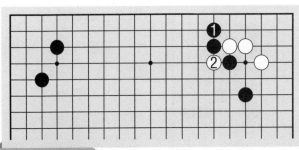

图6 挑起战事

黑1下立时，白2断意在挑起战事，但在棋子的配置上，白棋不好。

图7 黑棋有利

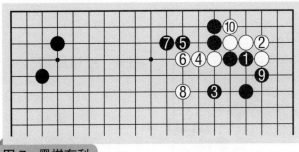

图7 黑棋有利

续图6，其后黑1顶，迫使白2连接，然后黑3单跳是好方法。此时白4只好长，以下至白10，黑棋作战有利。

图8 变化

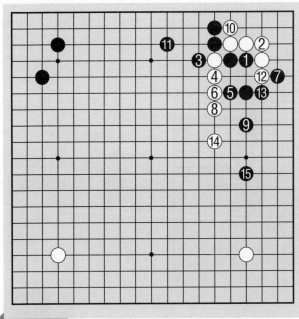

图8 变化

黑1、白2交换之后，黑3打吃的下法可以成立。白4长，黑5双，黑棋作战充分。其后白6、8逃跑，以下至黑15，结果黑棋有利。

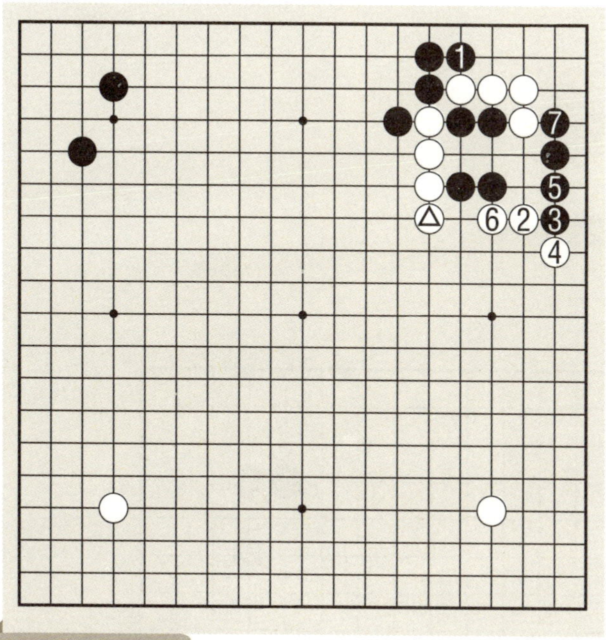

图9 重视实地

白△时，黑棋如重视实地，黑1曲的下法可以成立。白2封是手筋，但黑3以下至黑7，黑棋可以得角地。

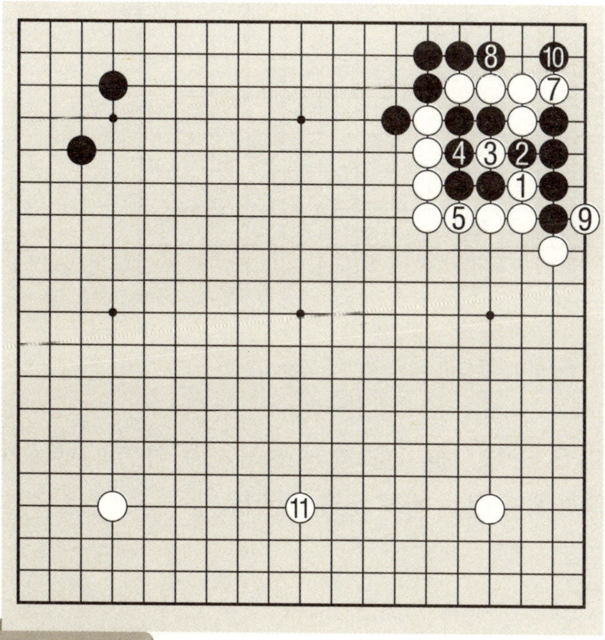

图9 重视实地

图10 均势

续图9，其后白1冲，以下至白5，是白棋紧气的常用次序。黑6时，白7挡利用弃子战术，其后黑8、10虽可吃住白角，但至白9，白棋由于可以先手构筑厚势，并于白11展开，白棋同样充分。

图10 均势　❻=③

第8型　高目飞封之三

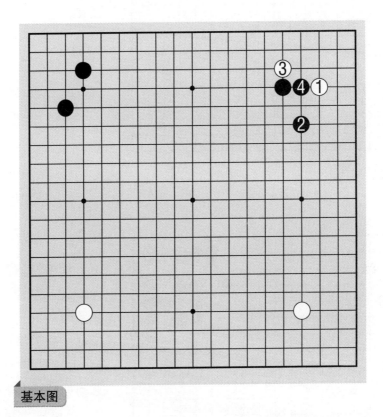

基本图

　　白1挂，黑2飞封，白3托时，黑4顶的意图是利用对方的弱点来达到整形的目的。现在我们对黑4以后的变化进行分析。

图1 弃子战术

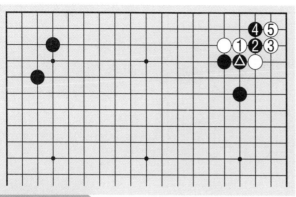
图1 弃子战术

黑△顶时,白1只能连,其后黑2断运用弃子战术。此时白3打吃是正确的方向,黑4下立也是好次序,白5挡。

图2 定式

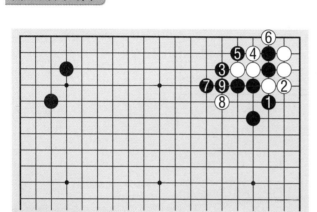
图2 定式

续图1,其后黑1打吃,然后黑3扳是预定的次序。白4打吃时,黑5先手利用后,至黑7虎完成外势的构筑,以下至黑9是基本定式。

图3 变化

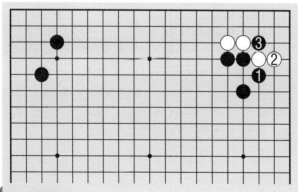
图3 变化

黑棋如果未采用图1中的断,而于本图中黑1扳也可以成立。白2下立时,黑3断是机敏的先手利用。

图 4 均势

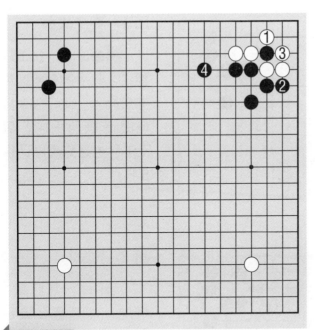

图 4 均势

续图 3，其后白 1 如果打吃，黑 2 的利用则很舒服，白 3 提子，至黑 4 跳是基本型，双方均无不满。

图 5 变化

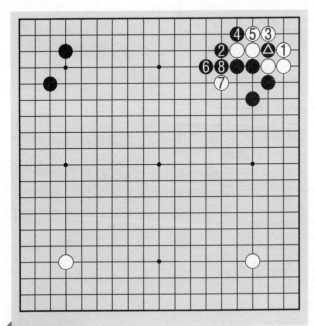

图 5 变化

黑△断时，白 1 如果换方向打吃，黑 2 扳则是好次序。白 3 提子，黑 4 先手利用，白 5 圆，黑 6 如果虎，下至黑 8，结果与图 2 的定式几乎相同，黑棋略占便宜。

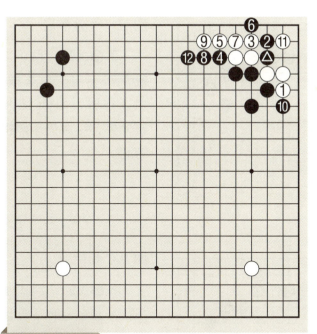

图6 黑棋厚势

图6 黑棋厚势

黑⚫时，白1拐头是疑问手，而黑2下立是好棋。白3下立，黑4以下至黑12，黑棋构筑成强大外势，黑棋极厚。

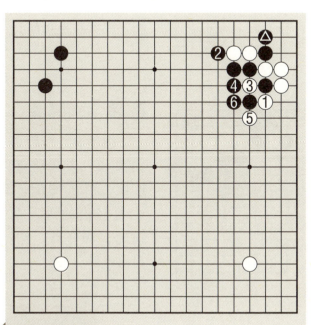

图7 黑棋有利

图7 黑棋有利

黑⚫时，白1打吃虽具气势，但黑2扳、白3提子时，经黑4、6处理，结果仍是黑棋有利。黑棋在外势和实地上都处于领先地位。

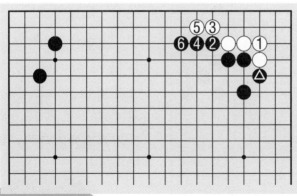

图8 气势不足

图8 气势不足

黑▲虎时，白1连接气势不足。黑2扳，白3挡时，黑4、6构筑外势，结果仍是黑棋有利。

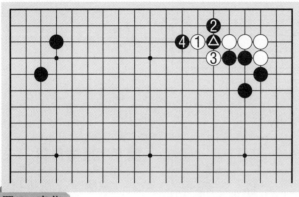

图9 变化

图9 变化

黑▲扳时，白1夹虽是手筋的一种，但由于黑2下立的强手可以成立，白棋对此束手无策。其后白3如果断，黑4夹是手筋。

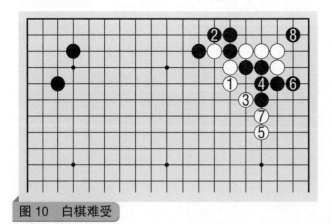

图10 白棋难受

图10 白棋难受

续图9，其后白1如果长，黑2则可以联络，白3、5时，黑4、6轻松处理，白7顶时，黑8点，结果白棋难受。

第9型　高目飞封之四 ▶▶

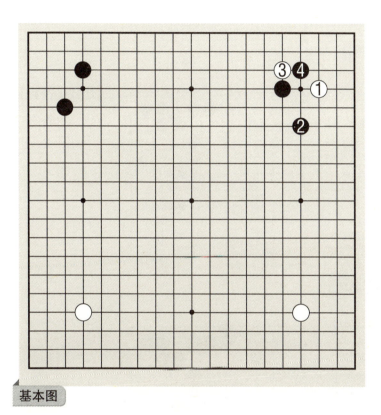

基本图

　　白1挂，黑2飞封，白3托时，黑4扳是大型定式的出发点。黑4扳以后的变化如何？我们对此进行分析。

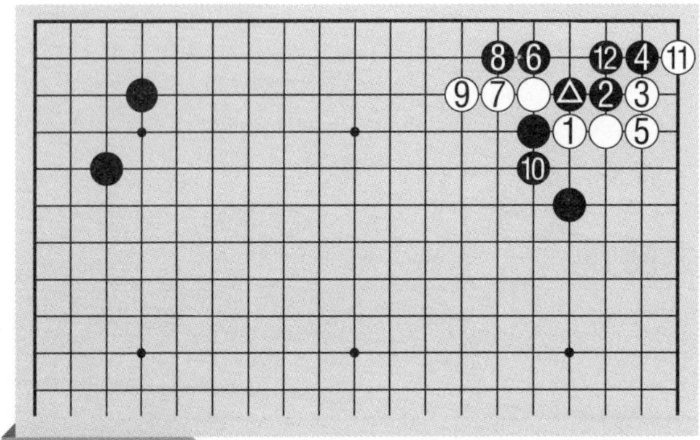

图 1　出发点

图 1　出发点

黑◬扳时，白 1 只有断，其后黑 2 长，白 3 扳二子头是棋形的急所。黑 4 扳，白 5 接，以下至黑 12 是双方必然的次序，这是定式的出发点。

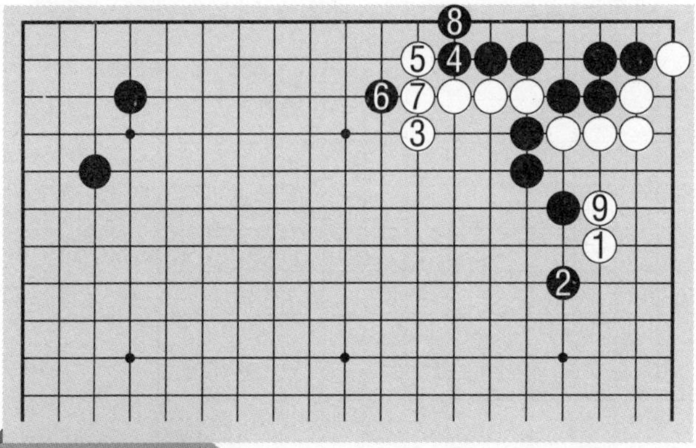

图 2　各自做活

图 2　各自做活

续图 1，其后白 1 是出头的急所，黑 2 封锁是手筋，白 3 以下至白 9 双方各自做活。

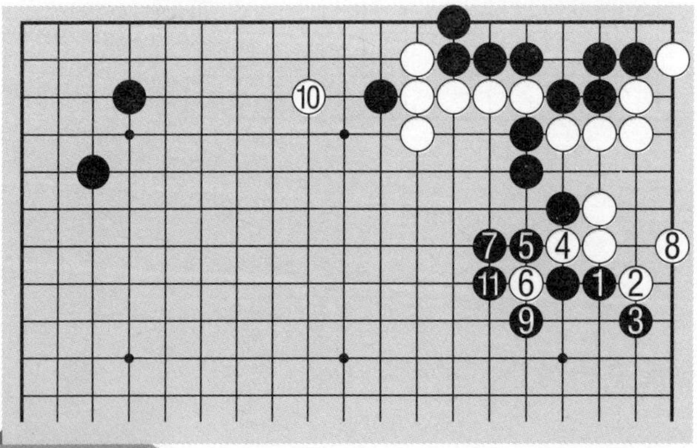

图 3　定式

图 3　定式

续图 2，其后黑 1 如果挡，白 2 先手扳，然后白 4 以下至白 8 做活。黑 9 再打吃白棋一子，以下至黑 11 是基本定式。

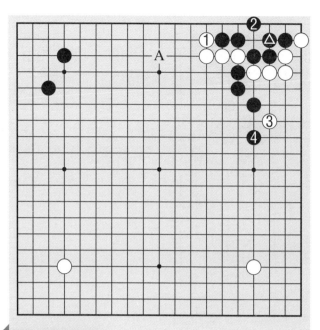

图4 白棋不满

图4 白棋不满

在定式的进行中，黑▲连接时，白1立即拐次序有误。黑2做活后，白3还必须出头，黑4跳封时，白棋如果做活，则黑棋在A位夹攻极其严厉，结果白棋不好。

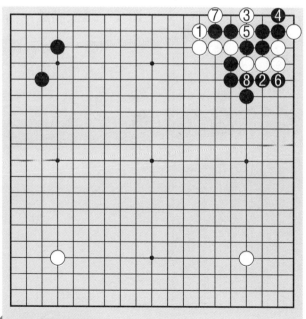

图5 白棋被杀

图5 白棋被杀

白1挡时，黑2紧气对杀可以成立。其后白3点虽是手筋，但黑棋则有黑4下立的好棋，白5如果断，黑6、8紧气后，白棋被杀。

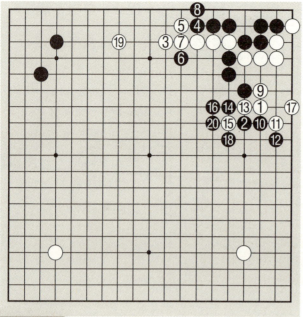

图6 定式

图6 定式

黑2时，白3单跳的下法可以成立。黑4、6后，黑8下立做活，但白9以下至黑20与图3几乎是相同的次序，这是定式。

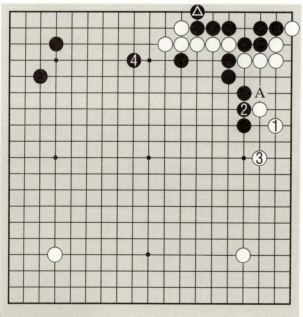

图7 黑棋满意

图7 黑棋满意

黑△下立时，白棋不下在A位，而是白1尖不好。黑2如果连接，白3还必须飞出，而黑4的进攻很严厉。

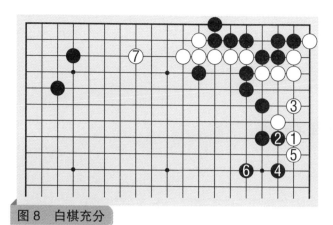

图 8　白棋充分

图 8　白棋充分

白 1 尖时，黑 2 顶使白 3 顺势整形，黑棋失算。黑 4 时，白 5 与黑 6 先手交换后，白 7 拆二，白棋充分可下。

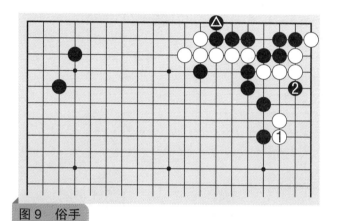

图 9　俗手

图 9　俗手

黑▲下立时，白 1 长是俗手，而黑 2 打入是手筋。

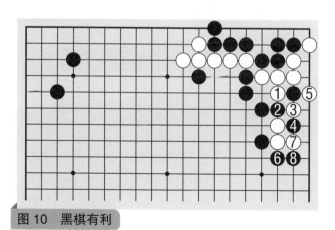

图 10　黑棋有利

图 10　黑棋有利

续图 9，其后白 1、3 吃住黑棋一子，但黑 4 以下至黑 8，黑棋构筑成强大的外势，结果黑棋有利。

第10型　高目飞封之五

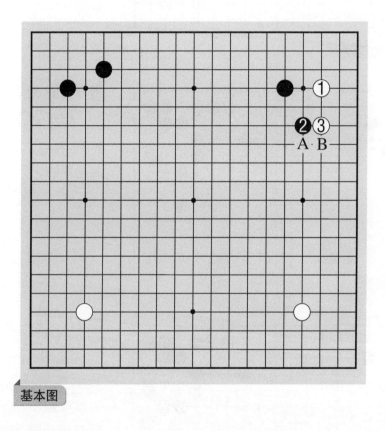

基本图

白1挂，黑2飞封时，白3托为白棋整形做准备，其后黑棋有在A位长或在B位强扳两种下法。现在我们先集中分析黑棋在A位长的变化。

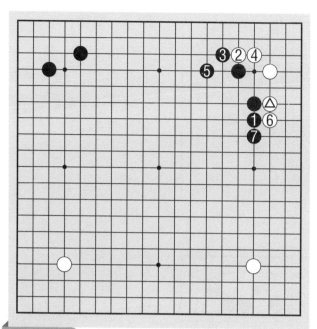

图 1 定式

图1 定式

白△托时，黑1长是最简明的应手，其后白2托，黑3以下至黑7是基本定式。双方下成典型的外势与实地的对抗，双方均无不满。

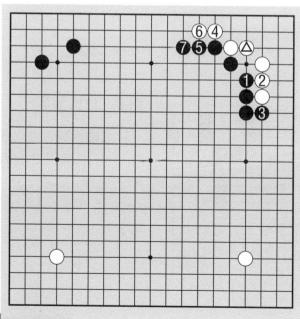

图 2 变化

图2 变化

白△时，黑1的下法可以成立。白2连接，黑3拐，意图是封住右边的白棋，其后白4扳，以下至黑7是基本定式。

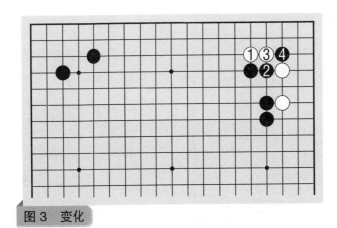

图3 变化

图3 变化

白1托,黑2顶,白3挡时,黑4断的下法可以成立。后续变化见图4。

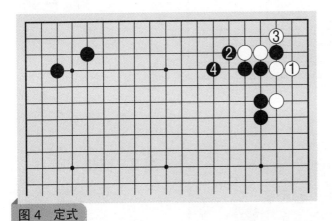

图4 定式

图4 定式

续图3,其后白1只有下立,黑2扳先手,白3打吃时,黑4虎,这一进行仍是基本定式。

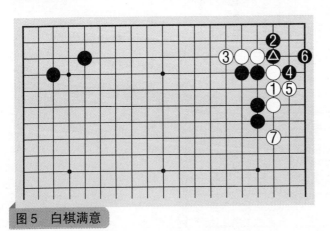

图5 白棋满意

图5 白棋满意

黑△断时,白1连接不好,但黑2如果下立,白3长,黑4以下至白7之后,白棋满意。

图6　白棋有利

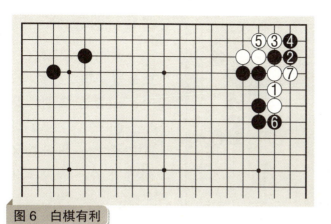

图6　白棋有利

白1连接时，黑2换方向下立仍然不好。此时白3、5扳接吃住角上黑子很好，以下至白7，白棋由于得到了一个很大的角，结果白棋有利。

图7　黑棋有利

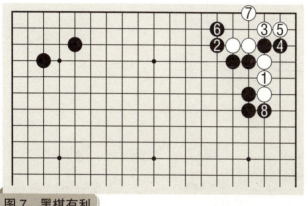

图7　黑棋有利

白1时，黑2简单地扳即是好棋。此时白3如果打吃，黑4下立，白5挡时，黑6以下至黑8，黑棋构筑成很厚的外势，黑棋有利。

图8　变化

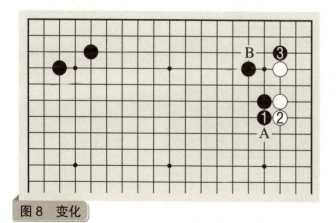

图8　变化

黑1时，白2长可以成立。其后黑棋如在A位长，白棋在B位托是基本定式。而本图却是黑3托的变化。

图9 黑棋充分

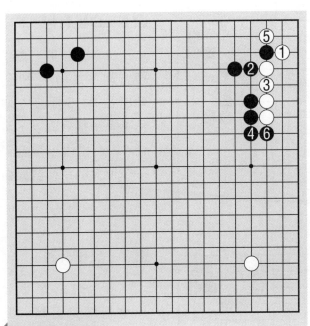

图9 黑棋充分

续图8，其后白1扳是疑问手。此时黑2顶，白3连接时，黑4长是好棋，白5打吃占取角地，黑6挡则构筑外势，结果黑棋充分。

图10 均势

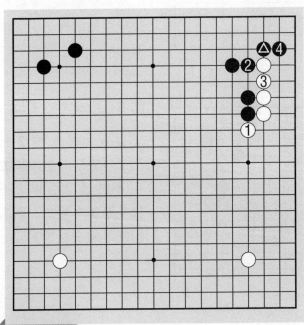

图10 均势

黑△托时，白棋不直接应，而于白1扳是本手。其后黑2顶，然后黑4下立占取角地，结果双方下成均势。

第11型　高目飞封之六 ▶▶

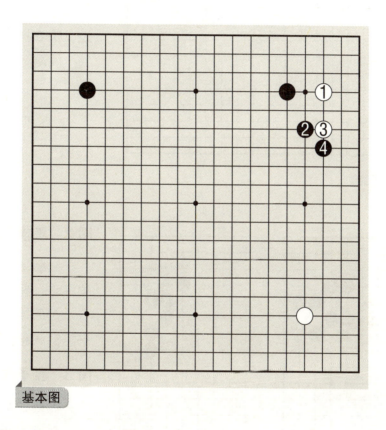

基本图

　　白1挂，黑2飞封，白3托时，黑4扳是强手。以后因征子情况不同，结果也大不相同。现在我们对黑4扳以后的变化进行分析。

图1 定式

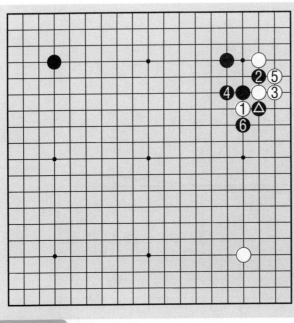

图1 定式

黑△扳时，白棋从气势上考虑只有于白1断。其后黑2打吃，白3下立时，黑4长在征子有利时才可以成立。白5渡过，黑6打吃，定式告一段落。

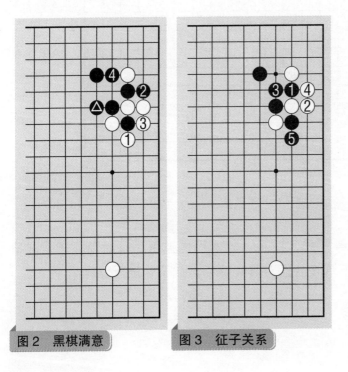

图2 黑棋满意　　图3 征子关系

图2 黑棋满意

黑△时，白1如果打吃，黑2先手冲下，然后黑4补，结果黑棋满意。

图3 征子关系

黑棋如果征子不利，黑1打吃之后，黑3连接很好。其后白4只好连接，至黑5长均是必然的次序。后续变化见图4。

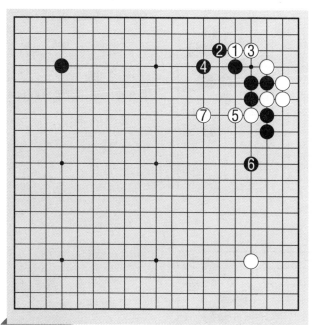

图 4　均势

续图3，其后白1托整形是很好的选择。黑2、4时，白5长，黑6时，白7单跳，双方下成均势。

图 4　均势

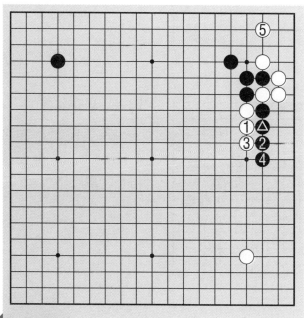

图 5　变化

黑⚫长时，白棋如果不满意图4的结果，白1、3可先手压后再白5补角，这一进行仍是双方都可下。

图 5　变化

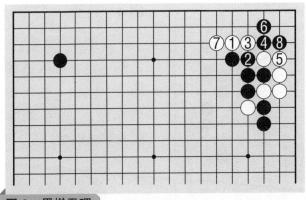

图6 黑棋被杀

图6 黑棋无理

白1托时，黑2、4断不能成立。白3、5时，黑6、8挡做最大限度的抵抗，后续变化见图7。

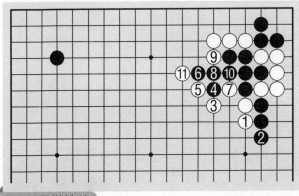

图7 黑棋被杀

图7 黑棋被杀

续图6，其后白1先手与黑2变换之后，白3封是好棋，也是追攻黑棋的手筋。黑4靠谋求出头，以下至白11，黑棋被杀。

图8 白棋俗手

黑1扳时，白2、4、6打吃是典型的俗手，黑7下立。

图8 白棋俗手

图9 白棋大损

续图8，其后白1虎，白棋可以吃住黑棋二子，但黑2托是手筋，白3只好挡，黑4、6先手利用后，白棋大损。

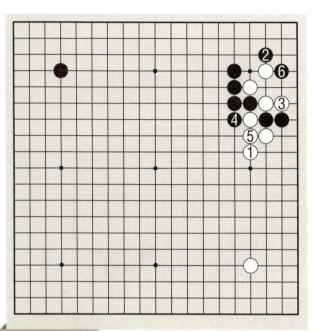

图9 白棋大损

图10 黑棋满意

白1与黑2交换后，白3扳，但黑4连接后，白5只有长出，黑6、8先手利用，黑10抢占上边要点，黑棋满意。

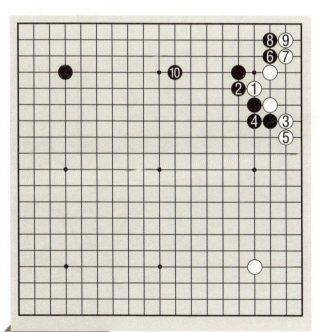

图10 黑棋满意

第 12 型 高目三三挂

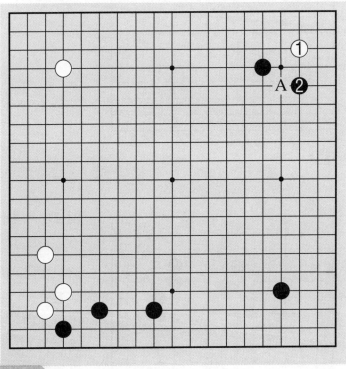

基本图

黑棋下高目时，白1在三三位置挂，目的是尽快安定自己。白1挂时，黑2飞封或在A位尖封都是最普遍的应手。以后的变化如何？我们现在进行分析。

图1 均势

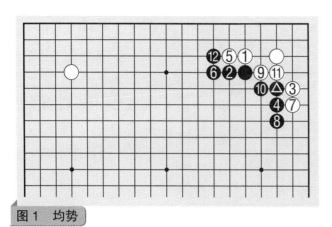
图1 均势

黑△飞封时，白1托谋求安定很好。黑2长时，白3托，黑4长，至黑12挡暂告一段落，白棋角地不小，双方均无不满。

图2 定式

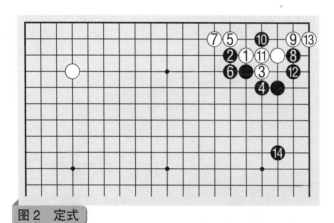
图2 定式

白1托时，黑2扳的下法可以成立。此时白3先手与黑4交换之后，白5、7在边上出头，其后黑8托，以下至黑14是基本定式。

图3 黑棋满意

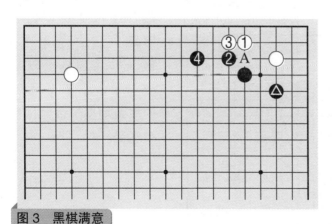
图3 黑棋满意

黑△时，白棋如不在A位托，而是白1飞则过于消极，至黑4，结果黑棋满意。

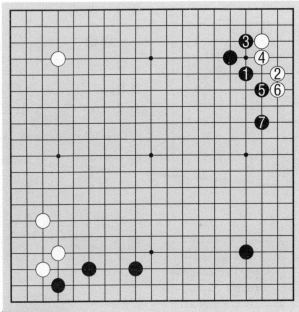

图4 定式

白棋在三三位挂时，黑1尖的应手可以成立。其后白2飞安定自己，黑3以下至黑7是基本定式。

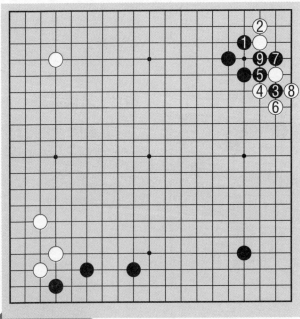

图5 白棋难受

黑1尖顶时，白2下立的下法不好。此时黑3强靠是好棋，白棋从气势上考虑白4扳，然后白6打吃黑棋一子，以下至黑9，白棋角地损失很大，白棋难受。

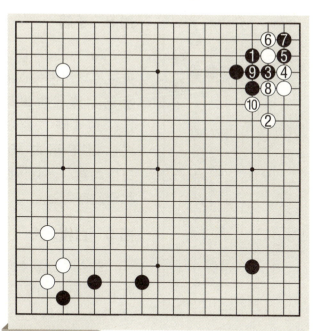

图6 黑棋有利

图6 黑棋有利

黑1时，白2飞是重视速度的下法，其后黑3、5占取角地，以下至白10，黑棋略有利。

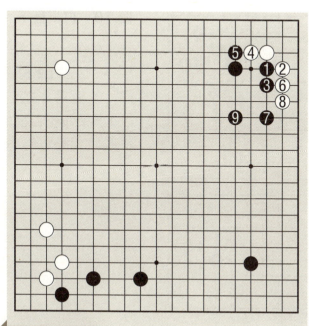

图7 黑棋优势

图7 黑棋优势

白棋挂时，黑1压不好，但白2如果扳，黑3长，以下至黑9之后，黑棋比基本定式更加有利。

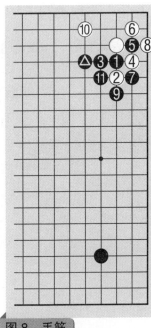

图8 手筋　　　图9 白棋充分

图8 手筋

黑1时，白2夹是追攻黑棋失误的手筋。黑3如果连接，白4则二路扳过，以下至白10，白棋满意。而且黑△丝毫没有用处。

图9 白棋充分

白△时，黑1如断在外侧，白2、4提子后，白棋充分。黑5打吃时，白6大飞，结果白棋有利。

图10 白棋征子

白△时，黑1如果下立，白2挖甚好，其后黑3打吃，以下至白8，白棋的征子可以成立。

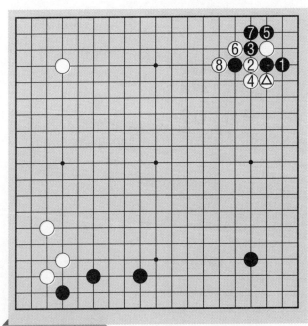

图10 白棋征子

第3章

三三定式

第1型　三三肩冲之一 ▶▶

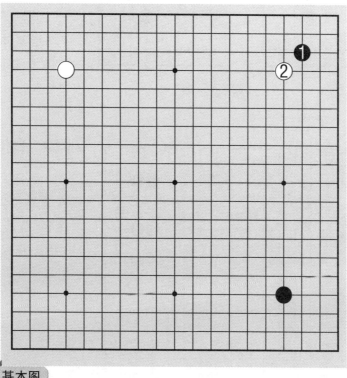

基本图

　　黑1占三三是极为重视实地的下法。对此白2肩冲是最可限制三三发展的挂法。现在我们对白2以后的变化进行分析。

图1 基本型

白△肩冲时，黑棋的选择只有长。本图中黑1长时，白2长是最普通的应手，其后黑3飞是简明的进行，这是基本型。

图2 定式

续图1，其后白1二间跳，黑2、白3均是基本下法。黑棋占取实地，白棋构筑外势。

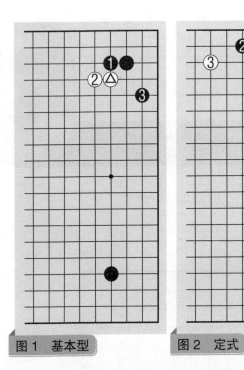

图1 基本型　　图2 定式

图3 白棋厚势

白1二间跳时，黑2靠、4退不好，白3、5连接后，黑6拆，白7挡，结果白棋厚势。

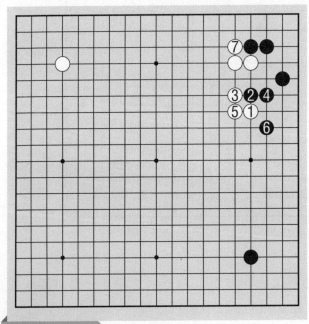

图3 白棋厚势

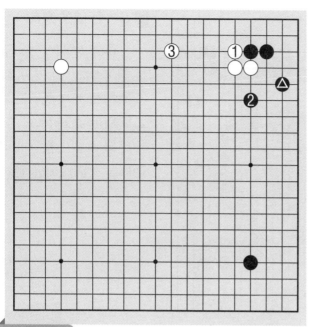

图4 定式

图4 定式

黑▲飞时，白1挡的下法可以成立。其后黑2飞，至白3展开暂告一段落。这一进行仍是基本定式。

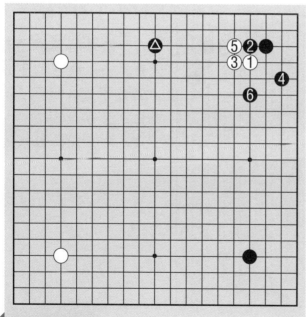

图5 白棋难受

图5 白棋难受

黑棋如果有黑▲子存在，白1肩冲，以下至黑4时，白5挡不能成立。黑6飞起，白棋出于无合适的拆点，因而白棋难受。

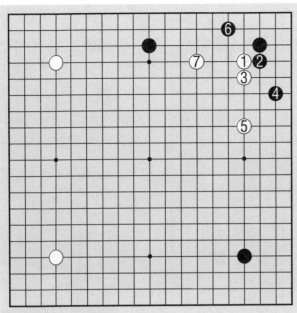

图6 行棋的方向

白1肩冲，以下至黑4时，白棋从棋子的配置上考虑，白5二间跳是正确的方向，其后黑6飞生根，白7整形，白棋应无不满。

图6 行棋的方向

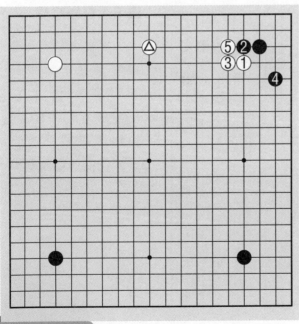

图7 白棋有利

如果有白△子存在，白1肩冲的下法仍然不好，但黑2与白3交换之后，黑4飞，白5挡，白棋却有利。

图7 白棋有利

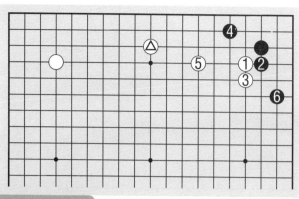

图 8　黑棋有利

图 8　黑棋有利

白1时，黑2长后，黑4飞是很好的下法。白5二间跳时，黑6飞，结果是黑棋有利。上边白△子所在位置不好。

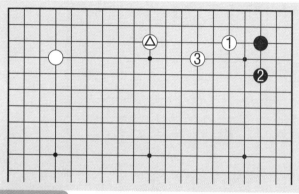

图 9　本手

如果白棋在上边有△子，白1挂则是本手，黑2如果补棋，白3飞后，白棋上边走强。

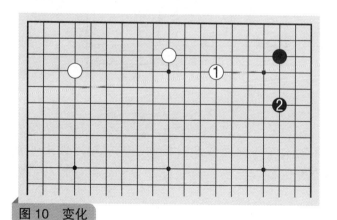

图 10　变化

图 10　变化

白棋根据情况，白1的下法也可以成立。黑2如果补棋，白棋可以脱先抢占其他大场，双方均无不满。

第2型 三三肩冲之二

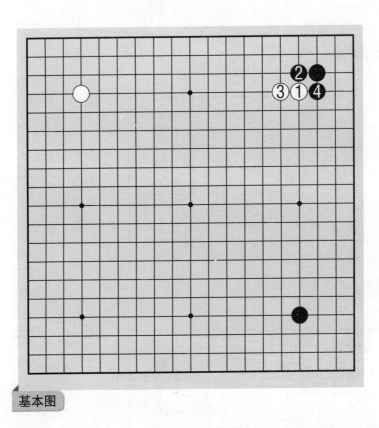

基本图

白1肩冲，黑2、白3的次序与前面我们分析的定式相同，但黑4拐有了变化。黑4的意图是很厚地确保角地。其后续变化如何？现在我们对此进行分析。

图1 定式

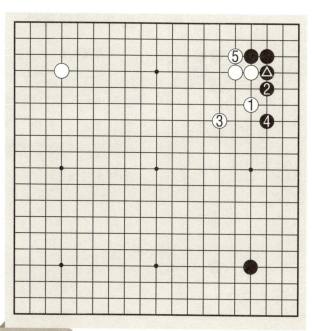

黑△拐时，白1单跳，黑2继续长时，白3飞是与白1连贯的棋，以下黑4跳出，至白5挡是基本定式。

图1 定式

图2 变化

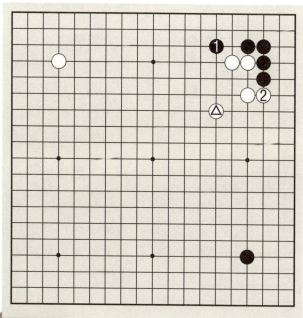

白△飞时，黑棋如果重视上边，黑1从上边跳出可以成立，其后白2挡，这一进行仍是基本定式。

图2 变化

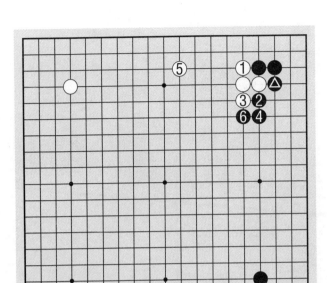

图3 黑棋有利

图3 黑棋有利

黑△拐时，白1挡不好。黑2扳，白3长时，黑4长很好，其后白5拆，黑6很厚地拐头，结果黑棋有利。

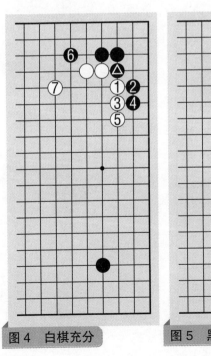

图4 白棋充分

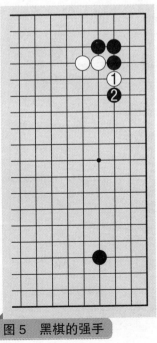

图5 黑棋的强手

图4 白棋充分

黑△时，白1扳略无理，但若黑2扳，白3以下至白7构筑很厚的外势，结果白棋充分。

图5 黑棋的强手

白1时，黑2夹是不给白棋选择余地的强手，后续变化见图6。

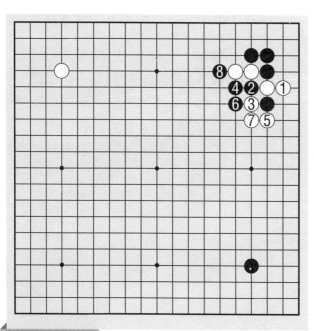

图 6　黑棋满意

图 6　黑棋满意

续图 5，其后白 1 下立，黑 2 断，白 3 打吃，黑 4 以下至黑 8，黑棋吃住白棋二子，结果黑棋满意。

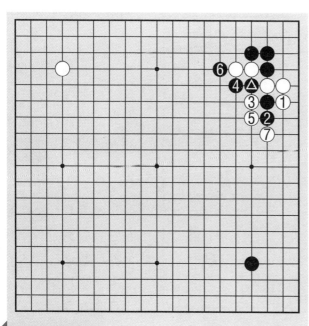

图 7　次选方法

图 7　次选方法

黑▲时，白 1 爬是白棋的次选方法。但黑 2 长，白 3 打吃时，黑 4、6 吃住白棋二子后，仍是黑棋略有利的局面。

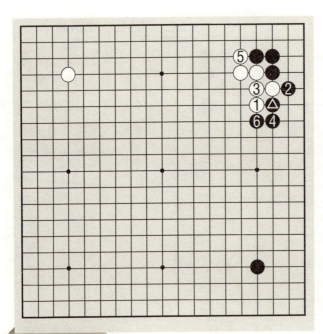

图8 黑棋优势

图8 黑棋优势

黑▲夹时，白1虎的下法欠考虑。黑2打吃，然后黑4长，结果白棋下成愚形。其后白5试图挽回损失，但黑6拐头后，黑棋优势。

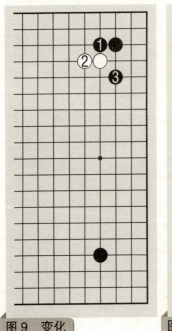

图9 变化

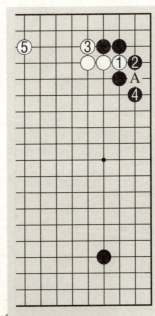

图10 白棋充分

图9 变化

黑1、白2时，黑3直接跳出虽是重视速度的下法，但由于本身有断点，因而不常使用。

图10 白棋充分

续图9，白1冲、白3拐是好次序。黑4虎补断点，白5则展开，白棋舒服。其中黑4如果脱先，白棋可下在A位断。

第3型 三三肩冲之三

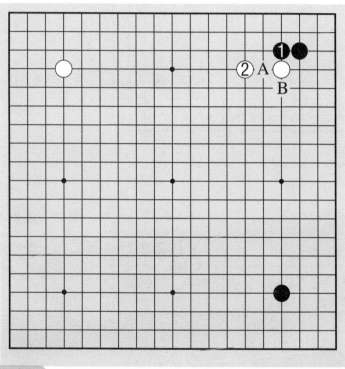

基本图

黑1长时，白2单跳，意图是快速整形。其后黑棋有 A 或 B 两种选择。现在我们对其变化进行分析。

图1 定式

白△跳时，黑1挖，白2打吃是正确的方向。其后黑3连接，以下至白6是基本定式。

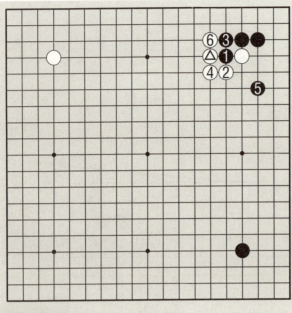

图1 定式

图2 黑棋不满

白△连接时，黑1立即断打是典型的俗手。白2打吃，然后白4先手与黑5交换再白6挡，结果黑棋不满。

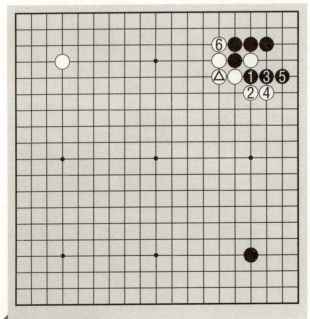

图2 黑棋不满

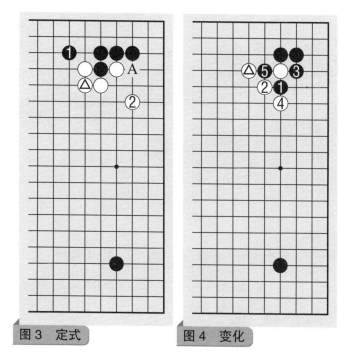

图3 定式　　图4 变化

图3 定式

白△连接时,黑棋如果重视上边,黑1跳的下法也可以成立。白2飞封住右边,以后白棋有机会可以于A位挡。这一进行是定式。

图4 变化

白△时,黑1夹的下法也可以成立。白2虎意在构筑外势,其后黑3打吃、白4反打也是一种下法。

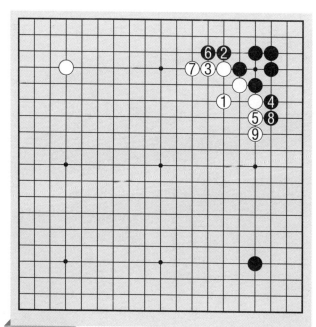

图5 均势

图5 均势

续图4,其后白1虎,黑2以下至白9是基本定式。黑棋的角地很大,而白棋的外势也很出色,双方下成均势。

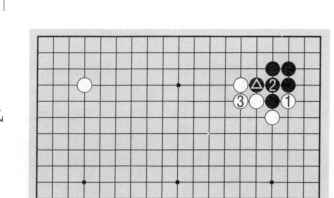

图6 黑棋不满

黑△提子时,白棋有白1打吃的变化。其后黑2如果连接,白3补棋,结果黑棋不满。

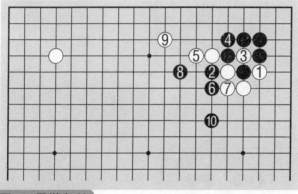

图7 黑棋有利

白1时,黑棋从气势上考虑,应黑2断与白棋进行对杀。白3提子时,黑4连接,白5长,黑6以下至黑10,黑棋战斗有利。

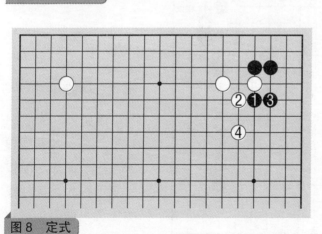

图8 定式

白2时,黑3下立意在占取实地,至白4单跳暂告一段落,这一进行是一种基本定式。

图9 均势

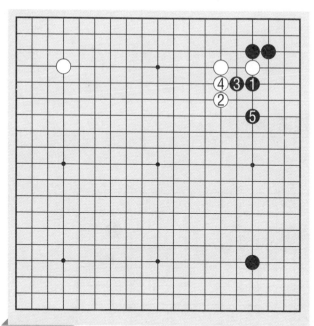

图9 均势

黑1时，白2单跳的下法可以成立。黑3刺，然后黑5单跳，这也是定式，双方仍是均势。

图10 黑棋脱先

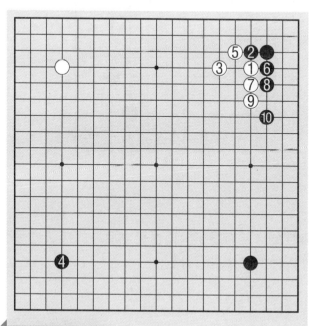

图10 黑棋脱先

白1肩冲时，黑2与白3交换，然后黑4脱先抢占其他大场也有可能。其后白5虎，黑6长以下至黑10，双方下成实地与外势的对抗，均充分可下。

第4型　对三三的挂法

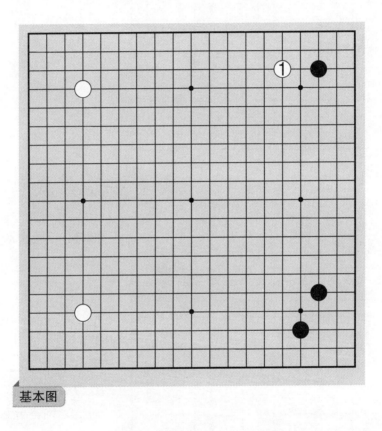

基本图

　　针对黑棋占三三，白棋挂的方法有很多。前面已对肩冲的挂法进行了集中分析。现在我们对肩冲以外的挂法进行分析。

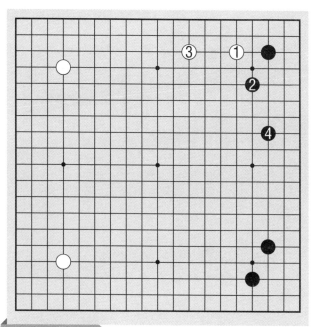

图1 一间低挂

图1 一间低挂

白1一间低挂是积极的下法，其后黑2飞补，白3拆二，黑4展开，定式告一段落。

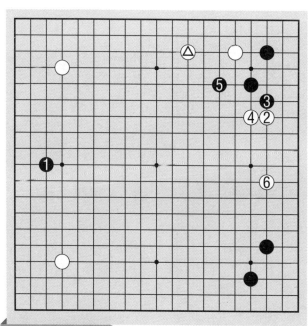

图2 黑棋的弱点

图2 黑棋的弱点

白△拆二时，黑棋不在右边补棋，而是抢占左边大场，则白2在右边逼攻极其严厉。黑3、5自补弱点，以下至白6整形，结果白棋流畅。

图3 黑棋的作战方式

黑棋如欲在右上角争得先手，白1挂时，黑2拆一很好，白3拆二，黑4可以先手分投。

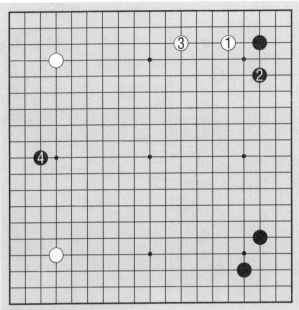

图3 黑棋的作战方式

图4 定式

本图中的白1一间高挂也可以成立。其后黑2飞补，白3以下至白9是基本定式，这一进行在实战中经常使用。

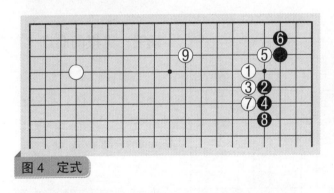

图4 定式

图5 黑棋低位

白△挂时，黑1补棋由于处于低位，因而效果不好。其后白2尖顶，黑3以下至白6是预想的次序，结果白棋有利。

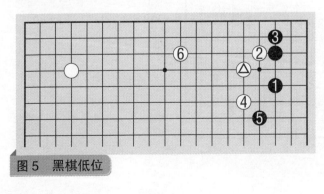

图5 黑棋低位

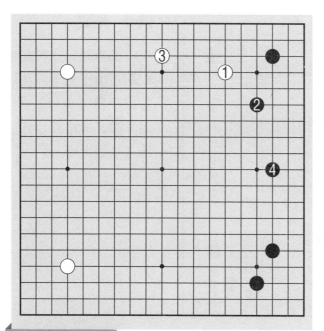

图 6 另一种定式

图 6 另一种定式

白 1 二间高挂是最温和的挂法，黑 2 补棋，白 3、黑 4 后，定式告一段落。

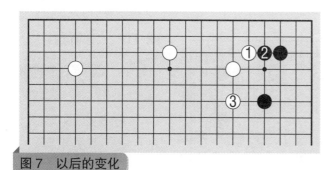

图 7 以后的变化

图 7 以后的变化

在图 6 的定式之后，白棋如有机会，于本图 1 位尖是好棋。黑 2 顶占取实地，白 3 跳起，白棋可以扩张上边。

图 8 后续手段

白△时，黑棋如果脱先，白 1 托的后续手段可以成立。黑 2 退，白 3 长，白棋成了角的真正主人。

图 8 后续手段

图9 定式

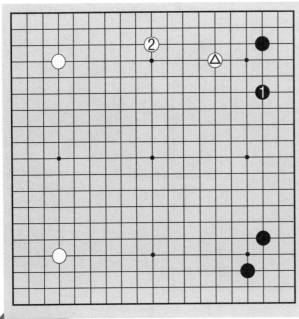

白△时,黑棋如欲在右边争得先手,可以考虑于黑1拆二,白2展开时,黑棋可以先手抢占其他大场。

图9 定式

图10 二间低挂

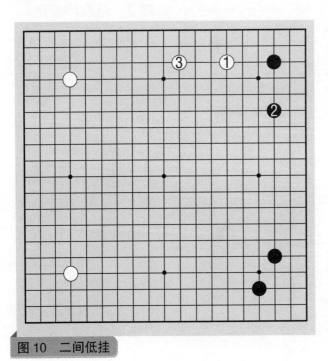

白1二间低挂有时也被应用。黑2拆二,白3也拆二,这是定式,双方平稳。

图10 二间低挂